eビジネス新書

No.404

週刊東洋経済

マンション管理 異常事態

週刊東洋経済eビジネス新書　No.404

マンション管理

本書は、東洋経済新報社刊『週刊東洋経済』２０２１年１１月１３日号より抜粋、加筆修正のうえ制作しています。情報は底本編集当時のものです。（標準読了時間　９０分）

マンション管理　目次

これまでの常識が通用しない！

マンションの新たな難問

「清掃やゴミ出しの管理はどうすればいいのか」。東京都渋谷区のマンションで管理組合の理事長を務める男性は途方に暮れた。独立系の管理会社が、９月末をもって撤退したためだ。

管理会社は契約上、撤退の３カ月前までに管理組合に通告する必要がある。理事長の元に管理会社の担当者からメールが送られてきたのは、３カ月前に当たる６月末だった。この管理会社には２０年前から管理を委託していたが、委託費は当時の安い料金で据え置かれたまま。「早く手を引きたかったのだろう」と男性。急いで後継の管理会社を探し、１０月下旬に地場企業への委託が決まった。

今やマンション管理組合と管理会社の立場は逆転した。これまでは管理組合が管理会社を選ぶ側にあった。「おまえたちの代わりなんて、いくらでもいる」。管理会社に捨てぜりふを吐いて、リプレース（管理会社の変更）を実施した管理組合もかつてはあった。しかし現在は、管理会社が管理組合に「三行半」を突きつけるケースが続出している。

背景には管理会社側の厳しい経営状況がある。これまでは委託費を安く提案し、管理戸数を増やすことに邁進してきた。管理業務を担えば、修繕工事など派生する仕事の受注も見込めるからだ。ただここ数年、人件費や資材費の上昇で管理会社の収益は悪化傾向にある。安値攻勢は限界を迎えた。大手管理会社の幹部は「管理戸数を伸ばすよりも、採算の取れる物件を厳選して受託している」と話す。

採算も厳しい
—管理会社の業績状況—

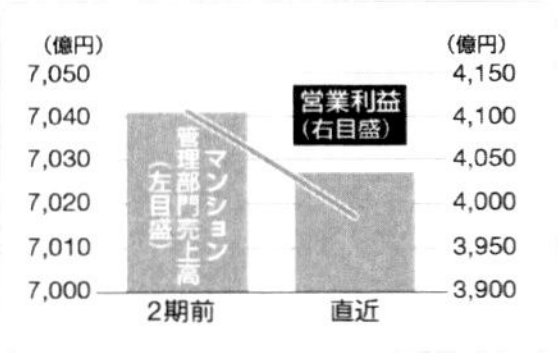

受託戸数は伸び率鈍化 —管理会社の受託戸数推移—

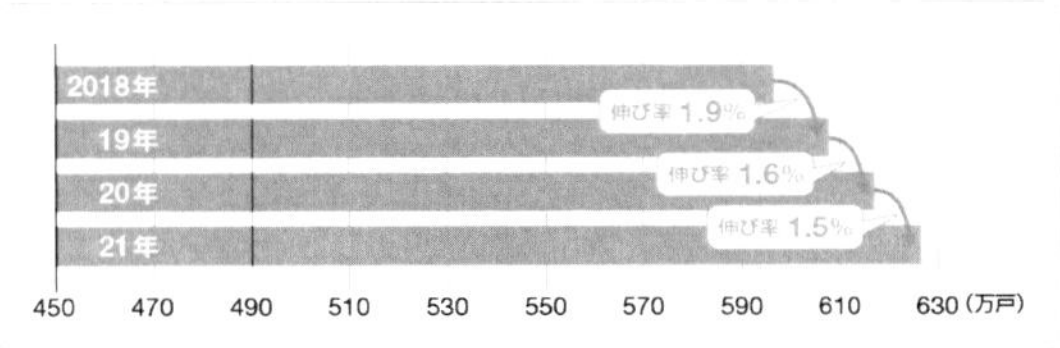

(注)マンション管理業協会会員353社を対象にした調査に基づく。受託戸数は各年4月時点。業績はデータ未公表の会社を除いて集計
(出所)マンション管理業協会

「風鈴の音がうるさい」

変調はほかにもある。コロナ禍で、新たなトラブルが多発しているのだ。「風鈴がうるさくて仕事に集中できない」。騒音は昔からの典型的なトラブルだが、在宅勤務をする住民が増えたことで、神経質な苦情が管理組合や管理会社に多数寄せられている。

取り巻く環境が急変

管理会社は業績が厳しく、採算の取れるマンションを選別するようになってきた。マンションの老朽化と同時に管理組合の理事の引き受け手も高齢化しており、「2つの老い」が襲いかかる。人手不足による賃金の上昇などを背景に、管理費や修繕積立金も高騰する一方だ。次のように新制度も矢継ぎ早に実施される。

急激な環境の変化に、国や業界団体も対策を打ち出す。国土交通省は2021年

6月に「マンション標準管理規約」を改正。ウェブ総会や置き配の留意事項を明確にした。マンション管理業協会も管理組合の運営状況を点数化する新制度を22年4月に実施する。新制度への準備を急ぐ管理組合は多い。

新制度が変える管理のあり方

—主な関連法や制度の実施・改正—

時期	法・制度名など	運営主体	概要
2020年6月公布	マンション管理適正化法の改正	国土交通省	マンションの老朽化を抑制し、周辺への危害などを防止するための維持管理の適正化を強化
〃	マンション建替円滑化法の改正	〃	老朽化したマンションの再生を円滑化するために、容積率の緩和特例の適用対象拡大などを図る
21年3月発足	区分所有法制研究会	法務省、国土交通省など	法務省、国土交通省、有識者が参画し、建て替え決議に必要とされる区分所有者・議決権の条件緩和などを議論
21年6月実施	マンション標準管理規約の改正	国土交通省	ITを活用した総会・理事会や置き配を認める際の留意事項について必要な規定を整備
22年4月実施	マンション管理適正評価制度	マンション管理業協会	財務基盤や維持管理体制など管理組合の運営状態について約30項目を点数化し、その合計点により5段階でランクづけする
〃	管理計画認定制度	地方自治体	長期修繕計画の作成など管理組合の運営状態について適否を判定する

マンション管理のあり方が大きく変わろうとしている。この「転換期」にどう対応するべきか、具体的な事例と解決策を見ていこう。

（梅咲恵司）

止まらない管理費と修繕費の高騰

—首都圏マンションの管理費、修繕積立金、修繕積立基金推移—

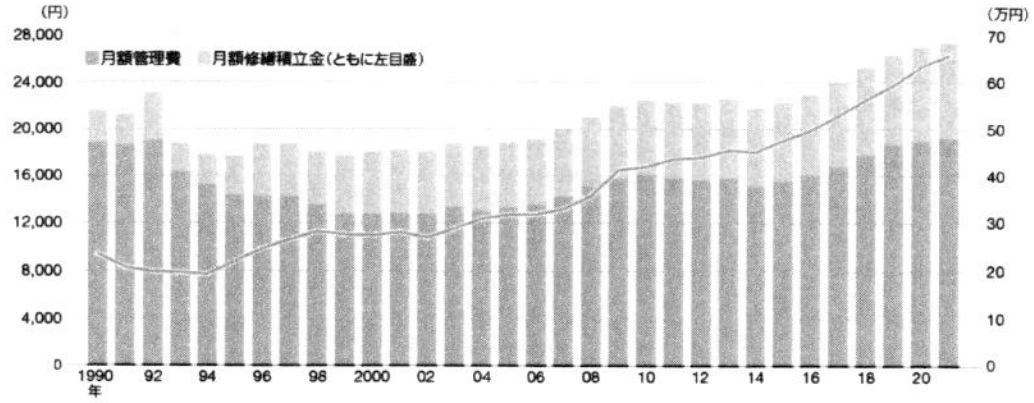

(注)首都圏(東京、神奈川、千葉、埼玉)のファミリーマンションを対象に1990年～2021年6月の期間について集計したもの。管理費、修繕積立金、修繕積立基金は1戸当たりの単価を基に専有面積70㎡に換算したもの　(出所)東京カンテイ

変わる！　管理会社との付き合い方

「大手の管理会社すべてに断られました」と打ち明けるのは、マンション管理士の柴田龍也氏。東京都中央区のマンション（築約15年、約60戸）から管理会社変更の相談を受け、探したところ、「中堅や地場の管理会社は見積もりに応じてくれたが、大手は『小規模マンションは受託していない』と見積もりにすら応じてくれなかった。問い合わせへの返事すらよこさない大手もあった」。

このマンションは、売り主だったデベロッパーの系列会社が管理していた。新築当初の仕事ぶりは好評だった。だが、担当者が交代すると、不祥事が続出するようになった。管理組合の総会の議事録を間違える、契約書を紛失する……。我慢ならなくなった理事会は21年に入り縁切りを決断。柴田氏に相談を持ちかけた。

「今は管理会社がマンションを選別する時代へ変わった」と語るのは、都内にある中堅クラスのマンション管理会社の社長。「ウチのような地場企業には、管理を打ち切られたり、委託先が見つからなかったりするマンションからの依頼がたくさん舞い込む」。

数年前まではその逆で、マンションの管理組合が管理会社を選んでいた。管理業はストックビジネス。戸数が多いほどスケールメリットが働く。管理会社は大手であっても、「もっと安くできます」と他社が管理するマンションに営業攻勢をかけ、競争は激しかった。

だが潮目は変わった。

「建サ」ショック

採算重視の先陣を切ったのは、業界内で「建（たて）サ」と呼ばれる住友不動産建物サービスだ。2018年ごろから、管理を受託する全国のマンション約200棟に対し、契約期間の満了をもって撤退する旨を申し出始めた。ふるいにかけられたのは主に「地方・小規模」のマンションだ。

「『建サ』ショック」とも形容された荒療治だったが、結果的に管理業界の〝露払い役〟を果たした。別の大手管理会社の幹部は「建サのおかげでうちも撤退を切り出しやすくなった」と苦笑する。今や、安さが売りだった独立系の管理会社でさえ撤退を辞さない。

背景にあるのは、管理会社の人件費高騰だ。離職率が高く、つなぎ留めへ給料を上げざるをえない。とくに管理員や清掃員が足りない。担い手である高齢者の応募が減っている。定年延長や再雇用をする一般企業が増え、管理業界に入ってくる人が少ない。求人誌には、「時給1300円／マンション管理員募集」など最低賃金を大きく上回る水準を提示する広告が並ぶ。

収入も増えにくい。管理会社の主な収入は管理組合から入る毎月の管理委託費だ。人件費高騰を理由に管理委託費の値上げを要請するが管理組合との交渉は難航する。

もう1つの収入源は管理組合から散発的に受注する修繕工事だが、こちらも逆風が吹く。ある管理会社社長が嘆く。「最近は管理組合が知恵をつけ、相見積もりを取ったり、管理会社を通さずに工事業者へ直接発注したりすることが増え、一定のマージンを確保することが難しくなった」。

人手のかかる仕事が多数 ―マンション管理会社の仕事内容―

業務分類	詳細
事務管理	管理費、修繕積立金などの出納
	財務諸表の作成、月次・年次決算の報告
	建物・設備の定期点検や修繕の企画・調整
	理事会・総会の運営支援、配付資料・議事録・報告書などの作成
管理員	管理員の派遣
	ゴミ収集や設備点検への立ち合い
	居住者、来訪者への応対
清掃	日常清掃（拭き掃除、ゴミ拾いなど）
	年数回の、専門業者による定期清掃
設備・建物点検	エレベーター、駐車場、給排水・消防設備などの監視・点検

収入の確保に逆風
―マンション管理会社の収益源―

管理委託費	日々の管理業務への対価。管理組合が各戸から毎月徴収する管理費から支払われる	安定収益のはずが原価上昇で利益を圧迫。値上げしたくても住民の合意が得られず
設計監理	工事会社の見積もり精査、工事の進捗・品質のチェックなど、修繕に関するコンサル業務	ネットの普及で相見積もりが容易に。管理会社の頭越しに業者へ直接発注する管理組合も
修繕工事	自前で工事も行う管理会社にとっては、日々の小修繕や大規模修繕の受注も重要	

例えば千葉県北東部のマンション（築約30年、約40戸）。管理組合員の男性は「この額はありえない」と憤懣（ふんまん）やるかたない。

2020年秋、ゼネコン系のマンション管理会社に鉄部塗装工事を発注した。が、工事費約260万円のうち約60万円が実態不明の「現場管理費」だった。しかも、足場を組まずに工事をしたのに足場代を請求し、マンション内の空き地に工事車両を止めたのに外部駐車場を借りる費用も求めてきた。管理会社の説明は要領を得ず、男性は「管理組合は鉄部塗装の予算として260万円を計上していた。その予算に合わせて工事費を水増ししたのでは」とみる。疑念が晴れない男性は修繕委員会を立ち上げ、委員に就任。今後の修繕工事では工事業者に直接声をかけ、相見積もりを取る構えだ。競争原理が働けば、管理会社の実入りは細る。

管理は「サービス」か？

管理会社の受注抑制は鮮明だ。

「こんな条項まで盛り込むのか」。マンション管理のコンサルティングを行う彩の国マンション管理センターの近藤博代表理事は、大手マンション管理会社が締結した管理委託契約の契約書を見て驚いた。「管理組合員間のトラブル等についての助言、提案等は行いません」という一文を初めて見たのだ。

さらに、「管理会社の社員が理事会へ出席するのは月1回、2時間まで」「修繕委員会やイベントなど通常業務以外で社員が駆り出される場合は費用が別途発生する」など。提供するサービスを限定する管理会社が増えつつある。

その一方で、利益追求を抑える管理会社も出始めた。ある財閥系マンション管理会社の社員は、「うちは親会社のデベロッパーから『マンション管理はブランド価値さえ守ってくれれば利益を追わなくてもいい。その分、不動産開発や賃貸部門で稼ぐ』と言われている」と打ち明ける。マンション管理を分譲後のアフターサービスとして位置づけているのだ。

マンション管理各社は今後、価格転嫁を進めビジネスとしての継続を模索するのか、不採算覚悟で住民サービスを徹底するのか、対応が分かれていくだろう。

マンション住民や管理組合にしてみれば、管理にどこまで金を払い、どこまでのサービスを求めるかの判断を迫られている。安価な委託費で手厚いサービスを求め続ければ、管理の引き受け手が見つからない「マンション管理難民」になりかねない。

（一井　純）

管理コストの上昇を抑えたい

「汗をかく」か「知恵を絞る」

【解決のポイント】
・マンションの実情に合った管理を考える
・共用施設の使い方を見直す

多くのマンション管理会社が管理委託費の値上げを求め始めた。値上げをのむ余裕のない管理組合は管理コストの上昇を抑えるため、どんなことができるか。

マンション管理はこれまで、「総合管理」と呼ばれる、管理業務のほぼすべてを管理会社に委託する方式が一般的だった。だが、近年は必要なサービスを選択する方式も出始めている。

汗をかいて「自主管理」

「自主管理と言われて最初は不安だったが、だんだん自分でもできるように思えてきた」。横浜市内のマンション（築約40年、総戸数約15戸）に住む五十鈴麻子さん（仮名）はこう話す。長らく大手管理会社に委託してきたが、2021年11月から「自主管理」に移行した。

住民自ら管理業務を担う自主管理は、管理委託費は浮くが住民の負担は増す。それでも自主管理に踏み切った背景には、三菱地所コミュニティの兄弟会社「イノベリオス」が開発した自主管理支援アプリ「ＫＵＲＡＳＥＬ（クラセル）」の存在がある。

クラセルは、管理組合の収支管理や管理費の出納、資料の保管・閲覧、工事や点検の発注など、これまで管理会社に委託していた業務をパソコンやスマートフォンのアプリで行える。利用料はかかるが、総合管理に比べて支出は減る。アプリによる支援のほか、清掃や修繕などの専門業者やマンション管理士の紹介も受けられる。

五十鈴さんのマンションがクラセルを導入したのは、管理会社から管理委託費の大幅な値上げか、撤退を迫られていたからだ。自主管理に移行しても、提案されたクラセルを導入すれば管理組合の負担は抑えられる。しかも点検や小規模な修繕は、これまで管理組合が業者に直接発注していたことから、自主管理の壁は高くなかった。

21年10月上旬時点で、9つの管理組合が総合管理からクラセルによる自主管理へ移行し、組合員が汗をかいている。うち7組合は管理会社の撤退や委託費値上げが理由だ。

自主管理までいかなくても、委託する管理業務を減らすことで管理委託費を節約する方法もある。東急コミュニティーは管理委託業務を「メニュー化」している。仕様が充実した「アトラクト」、一般的な水準の「コンフォート」、管理組合が一部の管理業務を担う「エクスペクト」の3つだ。いわば「松竹梅」で、どれを選ぶかは管理組合次第だ。

共用施設の「使い方改革」

管理委託業務の見直し以外にも管理コストを抑える方法はある。

神奈川県横浜市、ＪＲ京浜東北線新子安駅から程近い場所に立つ「ザ・パークハウス横浜新子安ガーデン」。総戸数４９７戸の大規模マンションは、共用施設の「使い方改革」に余念がない。

ゲストルーム、パーティールーム、スタディールーム、キッズルーム、スタジオ……。豊富な施設を有する一方、施設によっては利用が少ないことが悩みの種だった。

とくに、シアタールームは音響設備が整い、１時間３００円という低廉な利用料にもかかわらず「コロナ禍前でも稼働率が低かった」（管理組合法人の今井章理事長）。そこで管理規約を変更し、アルコールを含めた飲食を可能にした結果、２０２０年度には利用件数で２８％増、利用時間で６１％増（いずれも前年度比）となった。

マンション内のミニショップも刷新を模索する。現在は店舗の運営委託費として年間数百万円が発生しているうえ、有人管理のため早朝深夜は閉業だ。そこで商品代金の決済自動化による無人化を検討している。委託費削減に加え店舗の２４時間営業も可能になる。

反面、御法度なのが人件費の削減だ。管理員や清掃員の勤務時間を短縮すれば一時的なコストカットには寄与するものの、現場の給与削減の影響は大きい。マンション管理支援事務所の坂尻大樹氏は「給与が減ると生活ができず、ほかのマンションに移ってしまう。求人を出しても短時間だと応募が来ず、結果的に時給を引き上げざるをえなくなる」と指摘する。

最近の管理組合は「理事のなり手の確保」も、大きな労力コストとしてのしかかっている。その悩みを解消するため、管理会社へより多くのお金を払うところも出始めた。

21年8月、長谷工コミュニティが「ｓｍｏｏｔｈ－ｅ（スムージー）」というサービスを開始した。管理組合の業務執行機関である理事会を設置せず、長期修繕計画の改定や修繕工事の発注などのプラン策定を第三者管理者として長谷工コミュニティが担う。「専門知識を要する部分の修繕案は当社が作成し、暮らしの中で気づいた共用施設の改善提案は、区分所有者に挙げてもらう」（恒吉正俊・ｓｍｏｏｔｈ－ｅ運営課担当部長）。

スムージーを導入する管理組合は、通常の管理委託契約に加えて従来の理事会業務を長谷工コミュニティに任せる「管理者業務契約」を別途結ぶ。通常の総合管理より委託料は若干増えるが、理事を確保するなどの負担は減る。10月中旬時点で同社が管理する分譲マンション15棟に導入している。

管理委託業務と理事会を代行する管理者業務を同じ長谷工コミュニティが担当するため、利益相反の疑念を持たれぬよう情報公開には腐心する。長期修繕計画の進捗をリアルタイムで公開し、「われわれは適切にやっていることをガラス張りにする」（恒吉氏）。会計監査も外部の監査法人が担っている。

必要なサービスを選び取る時代に
—マンション管理のサービス内容比較—

サービス名	会計	総会・理事会支援	清掃・修繕・点検
総合管理（一般的な管理形態）	○	○	○
KURASEL（クラセル）	○	—※1	—※1
smooth-e（スムージー）	○	◎※2	○

（注）※1：運営支援や専門業者の紹介サービスあり。※2：理事会自体を廃止　（出所）取材を基に東洋経済作成

マンションの管理を管理組合以外の第三者が行うという第三者管理方式は、管理業界にとって「未開拓の市場」（別の管理会社幹部）だ。ただ従来の管理委託業務に加えて管理者業務という新市場を開拓できる一方、「理事会を代理する責任が負えるか不安で、踏み切れない」（同）と言われてきた。

ところがここへ来て、三井不動産レジデンシャルも札幌市の新築マンションに「新時代の新提案」として第三者管理方式を導入するなど、潮目が変わりつつある。自主管理から第三者管理まで、マンションごとに異なる管理形態を採用する動きは加速しそうだ。

管理コストの上昇基調は止まらない。管理組合が汗をかき、知恵を絞ってコストを抑制するか、コストの上昇を受け入れるか。組合は決断を迫られる。

（一井　純）

管理会社は替えるべきか？

【解決のポイント】
・まずは現管理会社と交渉を
・安さだけで選ぶべからず

「A案は大幅値上げですが、当面、再値上げは不要。B案は値上げ幅が小さいですが、再値上げが必要です。どちらも難しいなら、撤退もやむをえません」。管理会社の社員はこう切り出した。

神奈川県川崎市内のタウンハウス（集合住宅の一種。築約30年、総戸数約20戸）は、7年前から独立系管理会社に管理・会計業務などを委託していた。だが、社員の仕事が遅く評判はよくなかった。管理委託費の値上げは受け入れられず、リプレース（管理会社変更）を余儀なくされた。

複数社で相見積もりを取った結果、9月から東京都品川区の管理会社、クローバーコミュニティが引き継いだ。同社の深山州代表取締役は、「管理会社の撤退や委託費値上げを契機とするリプレースの相談が多い」と話す。タウンハウスにとっては委託費が微増となったが、当初提案された金額よりは抑えられた。

管理組合にとって一大事のリプレースだが、実は珍しいことではない。マンション管理業協会によれば、加盟353社が管理する全国約12万棟のマンションのうち、5棟に1棟はリプレースを経て現在の管理会社に委託している。

冒頭のケースのように管理会社から撤退を通告され、リプレースに追い込まれそうなときはどうすべきか。通常、管理委託契約では、管理会社は3カ月前までに通告すればいつでも契約を解除できる。だが、マンション管理のコンサルティングを行うソーシャルジャジメントシステムの廣田晃崇社長は、「素人の管理組合が次の管理会社を3カ月で決めるのは極めて難しい。契約解除後も、管理組合は暫定的な契約延長を交渉し、管理会社も応じるべきだ」と語る。

管理会社に不満がなくとも値下げ目的でリプレースを行う組合も多かった。だが、マンション管理支援事務所の坂尻大樹氏は、「以前は値下げが容易だったが、現在は微増で抑えられれば御の字の場合もある。他社から見積もりを取ったうえで、最終的にリプレースを見送る選択肢もある」と話す。

時間も労力も消耗するリプレースだが、管理会社への不信感などでどうしても踏み切らざるをえない場合もある。リプレースに直面した際、どのように進めればよいか。複数のリプレース体験談を見ていこう。

5棟に1棟はリプレース
—管理会社の受託経緯内訳—

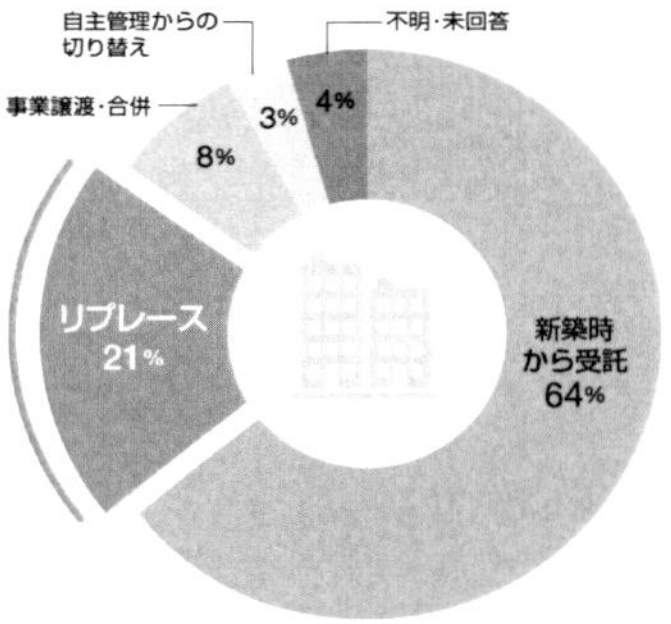

(注)マンション管理業協会加盟353社が管理を受託する11万9866棟が対象
(出所)マンション管理業協会「令和3年マンション管理受託動向調査」を基に東洋経済作成

価格以外も評価対象に
—あるマンションのリプレースに当たっての主な評価項目—

比較項目	A社(採用)	B社	C社
管理委託費の見積額(年間)	**750万円**	760万円	790万円
委託費の値下げ余地	**あり** 外注業者の変更を提案	あり 具体的な提案はなし	なし
過去3年のリプレース受注棟数	2棟	**多数**	**42棟**
担当者の印象	**30代** レスポンス早い	60代 ベテランだが定年近い	40代 経験豊富でも融通利かず
担当物件数	**8物件**	9物件	10物件
提案力	現地視察を踏まえて清掃や修繕などを提案	マニュアルどおりの提案	マニュアルどおりの提案

(出所)取材を基に東洋経済作成

業務見直しでコスト削減

「こんな業務、頼んだ覚えはないのに」。東京都新宿区のマンション（築約25年、総戸数約10戸）で理事長を務める島田沙織さん（仮名）の手元には、前年に開かれた管理組合総会の資料がある。

建物調査診断として100万円弱を支出する議案が上程されている。実はこの議案、管理会社が勝手に盛り込み理事会には寝耳に水だった。総会当日は管理会社社員がさも理事会のお墨付きを得たかのように議案の説明を始め、島田さんが慌てて止める場面もあった。

管理会社の対応には以前から不満を抱いていたが、これが決定打となり島田さんはリプレースを検討。名前を知っている大手管理会社に連絡を入れたが、小規模を理由に軒並み拒まれた。そこで別の案件で対応を依頼していたマンション管理士に相談し、今度は大手独立系や地場管理会社に打診。現管理会社を合わせた5社で比較した。

リプレースに当たって委託業務内容も見直した。利用頻度の低い駐車場は点検を年

6回から4回に、設備点検も年4回から1回に変更した。エレベーターなどの保守点検はメーカー系から安価な独立系に切り替えた。

さらに、これまで管理会社に委託していた植栽の剪定を造園業者との直接契約に替えた。

名乗りを上げた5社のうち、委託費が安く業務内容の変更にも柔軟な地場管理会社を選んだ。

日本マンションサポート協会の川島崇浩代表理事は、新しい管理会社が決定した後の「引き継ぎ」の重要性を説く。「竣工引き渡し書類や総会・理事会議事録、管理規約原本、過去の工事完了報告書など、本来管理組合が保管すべき書類を管理会社が預かる場合が多い。そうした書類が後継管理会社に引き継がれないと苦労する」。

頻度を落としてコスト削減
—委託業務の主な変更点—

作業内容	旧管理会社	新管理会社	
定期清掃	19万5000円	17万7600円	
日常清掃	50万4000円	54万7200円	
エレベーター点検	44万4000円	21万2400円	点検業者をメーカー系から独立系に変更
消防点検	6万円	7万5600円	
駐車場点検	38万4000円	7万5600円	年6回を4回に変更
配水管清掃	9万円	7万6800円	
その他設備点検	6万円	1万4400円	年4回を1回に変更
合計	173万7000円	117万9600円	

(出所) 取材を基に東洋経済作成

よいも悪いも組合次第

あるマンション管理のコンサルタントは、「管理会社によいも悪いもない。管理組合の意識が管理会社の姿勢を決める」と指摘する。

「ほとんどの住民は『管理会社任せでいいから、早く理事会を終わらせて帰りたい』という人ばかり。そういう姿勢だから、管理会社に付け込まれてしまったのだろう」。

東京都江東区のマンション（築約15年、総戸数約50戸）に住む丸山五郎さん（仮名）はそう振り返る。2021年にデベロッパー系列の管理会社をリプレースした。

きっかけは、2018年秋に管理会社が主催した大規模修繕の説明会だ。大規模修繕の実施に当たり、現在の修繕積立金では1戸当たり数十万円の一時金を徴収する必要があるが、管理会社は工事をせかすばかりで納得のいく説明がない。

不信感を抱いた丸山さんがコンサルタントやNPO法人に相談すると、異口同音に「建物の劣化は進んでおらず、今やる必要はない」と回答。管理会社が紹介した工事業者でさえ「時期尚早」と打ち明けた。彼らの回答を後ろ盾に理事会を説得、その後の臨時総会で大規模修繕の延期を可決した。

それでも管理会社は「鉄部塗装だけはやりましょう」と食い下がる。組合財政が逼迫しているのに工事を強いる管理会社に、丸山さんだけでなく理事会も不信を募らせた。さらに管理委託費の値上げまで要請してきたため、一気にリプレースの機運が高まった。

コンサルタントの協力も仰ぎながら、管理会社を公募。すると独立系や中小デベロッパー系など6社が応募してきた（現行の管理会社は辞退）。選定に当たり重視したのは委託費のほか、リプレース案件の受注実績や担当者の担当物件数、居住者目線での提案だ。「正直、どこもプレゼンは似たり寄ったり」（丸山さん）。結果、委託費が最も安く改善提案にも積極的な管理会社を選定した。

管理組合が主体的に活動していれば、管理会社も下手なことはできない、という事例もある。「一緒にマンションをよくしていこう、という意識を共有している」。埼玉県内にあるマンション（築約10年、総戸数約150戸）で理事を務める秋山義男さん（仮名）は満足げだ。

このマンションはデベロッパー系の管理会社から独立系へとリプレースを行った。前管理会社の担当者が多忙で、理事会が業務改善を要望しても一向に果たされなかったためだ。新たな管理会社が業務を始めて5年が経つが、「サービス水準が保たれているうえ、役職者が担当に就いたため要望をすぐに聞いてくれる」(秋山さん)。

リプレース「後」も重要

この理事会は、新築間もない頃から管理業務の一部を業者と直接契約したり、長期修繕計画よりも前倒しで修繕積立金を引き上げたりと主体的に動いている。

今は二人三脚でリプレースを進めたコンサルタント会社と顧問契約を結び助言を得る。「管理会社は信頼しているが、コンサルとともに働きぶりも見ている。変な動きをしたらすぐにわかる」(秋山さん)。

都内のマンションでリプレースを主導した理事長の女性はこう話す。「小規模な工事なら管理会社に任せようと思う。(管理会社も商売なので)『適正な利益』を与えたらやる気を引き出せるだろう」。

経緯はさまざまだが、現状の管理会社に満足できればそれに越したことはない。管理組合と管理会社が付かず離れずの姿勢でいることが、ウィンウィンの関係を築くポイントだ。

リプレースは慎重に、冷静に

①リプレースの必要性
・問題点を抽出できているか、理事会内で合意形成ができているか
・現管理会社との交渉や担当者の交代で解決できないか
・リプレースにかかる時間や労力を覚悟できるか
②新管理会社の募集
・新管理会社に求める委託内容や仕様は明確か
・サービス内容や担当者の経験・レスポンスの早さなども重要

・価格やプレゼンテーションのうまさだけでは良しあしはわからない

③新管理会社の業務開始

・組合員とリプレースの必要性を共有できているか

・引き継ぎは十分に行われているか

・新管理会社の働きぶりをチェックできているか

（一井　純）

「モンスター住民」に辟易

マンション管理員のリアル

元マンション管理員・南野苑生

私が管理員になったのは2006年。経営する広告代理店が行き詰まり、食うや食わずのとき、家内が管理員の求人を見つけたのがきっかけだ。管理員室への住み込みのため家賃や光熱費がかからず、願ったりかなったりだった。

最初に赴任したのは京都市内のマンション。住民は皆よい人だったが、曲者（くせもの）が1人いた。配付された議事録の宛名に「様」が付いていないなど、ささいなことで文句をつける。マンションには「苦情処理記録簿」があり、歴代の管理員が住民からのクレームを記録しているのだが、その住民がほぼ毎日苦情を入れていた。

「契約車と違う車が止まっている」から「公園にセミの死骸が落ちている」までさま

ざま。私が住む管理員室にも頻繁に来ては注文をつけてくる。結局この住民とのトラブルがもとで、1年弱で異動となった。

異動先の大阪府内のマンションも厄介だった。1人の男性が7年間理事長を務め、理事会は理事長の意見に従うだけ。組合経費で私物を購入することも多々あった。

管理会社の社員も癒着し、理事長の横領をとがめるどころか、理事長から組合経費で昼食をおごってもらっていた。あるとき、私が流用を指摘すると態度が硬化。以来午後3時ごろになると理事長が管理員室を訪れ、歴代の管理員の失態を延々とあげつらう。

管理会社の社員も、本来私が9時～5時勤務であるところ、朝晩の散水や巡回、宅配便の受け渡しといった時間外労働を見て見ぬふりしていた。理事会への出席は残業代が出るが、それ以外はあくまで管理員の自主的な作業と見なし、残業代を払おうとしない。

さすがにおかしいと労働環境の是正を直談判したが、軽くあしらわれてしまい、このマンションも半年足らずで異動となった。その後に風の噂で聞いた話では、後任の管理員も2カ月半で辞めたという。

3件目となる大阪府内の別のマンションは理事長がわれわれに敬意を払ってくれて、管理会社の社員も仕事にプライドを持っていた。最後の担当者は時折手土産を持参してくれた。結局このマンションで10年以上勤務することとなった。住み込みのおかげでお金が貯まったのと、今は73歳となり年齢的にも潮時と考え、9月で管理員を退職した。

管理員は謙虚であれ

足かけ15年の勤務期間には苦情処理や理事長との軋轢などがあったが、管理員の仕事はやってよかったと思っている。私の提案が理事会で採用されたり、災害時に住民と協力して不具合を直したりしたときはやりがいも感じた。

管理員になるには、まず「己を殺す」ことが必要だ。住民には謙虚に接し、上から目線は禁物。あいさつのときは相手の名前を添える。これに失敗すると、住民から難癖をつけられるのだ。

南野苑生（みなみの・そのお）

1948年生まれ。広告代理店の経営に行き詰まり、管理員に転身。京都・大阪のマンションで計15年間勤務。著書に『マンション管理員オロオロ日記』。

管理の「点数化」は浸透するのか

【解決のポイント】
・管理組合への「アメ」が必要
・審査制度の役割明確化を

マンションの管理状態を「点数化」する――。

野心的に見える取り組みが、2022年4月から始まる。音頭を取るのは、マンション管理会社の業界団体であるマンション管理業協会（管理協）だ。

新しく始まる「マンション管理適正評価制度」は、申請のあったマンションの管理状態を100点満点で採点する。

管理組合の運営体制や収支、建物・設備の状態など5つのカテゴリーについて、各項目の達成度合いに応じて点数化。合計点が90点以上ならSランク、70～89点ならAランク、といった具合にSからDの5段階で評価する。結果は一般に公開される予定だ。

中古価格へ反映?

「適切な管理が行われているマンションが、中古市場で評価されるようにしたい」。管理協の担当者は意気込む。制度を解説したパンフレットには「マンションの価値は新たなステージへ」との文言が躍る。

管理協はかねて、マンション購入に当たって価格や立地、部屋の広さだけでなく管理状態にも目を向けよう、と啓発を行ってきた。だが、現実には管理状態を考慮に入れる客は少なく、掛け声倒れの感もあった。管理適正評価制度はその打開策と位置づけられている。

Sランクなら管理が行き届き、Dランクなら難ありといった形で、管理状態がマンション購入の際の検討要素となりうる。管理の巧拙が中古価格に反映されれば、管理組合も質を上げようと努力し、管理状態の底上げにつながる。管理協が目指すのは、高評価のマンションの資産価値が高まることだ。

「評価を得ることが当たり前になり、評価のないマンションには購入検討者が疑問を抱くような市場環境になればいい」（管理協の担当者）。不動産ポータルサイトの物件ページに各マンションの評価結果を掲載することも検討している。

管理業界肝煎りの制度だが、現場の管理会社や管理士の間からは実効性について疑問の声が上がる。懸念の１つは、同様の制度が乱立し、管理組合の混乱を招きかねない点だ。

「どの制度を管理組合に案内すればよいのか」。大手管理会社の担当者は困惑気味だ。

管理適正評価制度が始まる２２年4月、国土交通省も、似たような名称の「管理計画認定制度」を開始する。運営主体は地方自治体だ。

管理協と同様、管理組合の運営状況や資金計画などを審査。こちらは5段階評価ではなく「認定」か「非認定」の２つだが、管理の質の底上げという狙いは同じだ。管理協の制度と何が異なるのか。

国交省住宅局の担当者は「(国の) 管理計画認定制度はソフト面、(管理協の) 管理適正評価制度はハード面を重視する」と説明する。

一方、管理協の担当者は「国の制度は最低限満たしてほしい管理水準の提示。管理協の制度は中古マンションの市場価値に反映されるような高い水準を目指している。双方の審査項目のすり合わせや、ワンストップでの審査体制の構築も進めたい」と話す。

管理状態を評価する制度には、実は3つ目もある。日本マンション管理士会連合会が15年から実施している「マンション管理適正化診断サービス」だ。マンション管理士が管理状態を無料で診断し、S・A・Bの3段階で判定する。管理協や国の制度と重複する審査項目も多々あり、21年9月末時点ですでに1万3738棟が診断を受けた。

こうして22年4月から3つの審査制度が並立することになる。都内のあるマンション管理士は、「自分たちの制度で審査をやりたい国や業界団体が綱引きを繰り広げているようにしか見えない」と指摘する。

微妙に違う制度が並立
—マンション管理審査制度の概要—

	マンション管理適正化診断サービス	管理計画認定制度	マンション管理適正評価制度
運営主体	日本マンション管理士会連合会	地方自治体	マンション管理業協会
開始時期	2015年7月	2022年4月	2022年4月
主なチェックポイント	18項目 管理運営状況 修繕計画状況 法定点検・修繕工事 その他（防犯、防火、保険事故歴など）	約16項目 管理組合の運営・収支管理 管理規約の作成・見直し状況 長期修繕計画の作成・見直し状況 その他、自治体が独自に設定した要件	約30項目 管理組合の運営・収支管理 管理費滞納の有無 建物や設備の検査・修繕状況 耐震診断の実施状況
判定	点数に応じて3段階でランクづけ	認定 or 非認定	点数に応じて5段階でランクづけ
有効期間	5年間	5年間	1年間

（出所）日本マンション管理士会連合会、マンション管理業協会の資料を基に東洋経済作成

「グレードA以上が6割」は実情に合っているか？
—管理状態の仮評価結果—

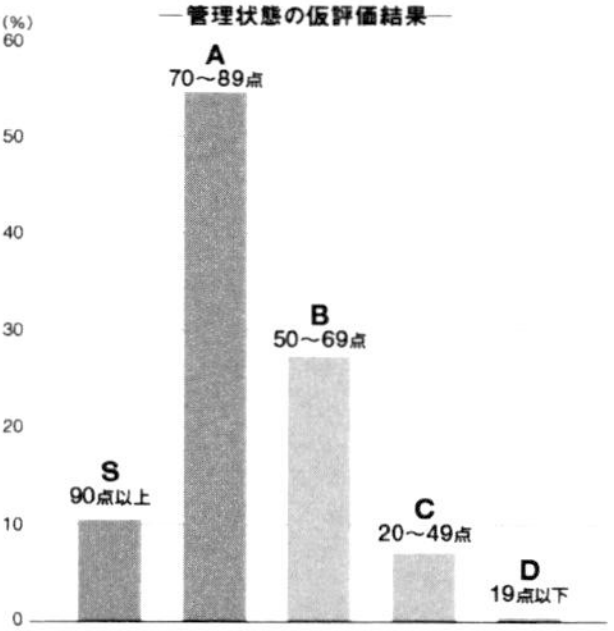

（注）マンション管理業協会の会員142社が管理を受託する全国のマンション6万3969棟が対象。調査期間は2020年4〜12月
（出所）マンション管理業協会

いずれも強制力はない

制度の実効性に対するもう1つの懸念は、いずれの制度も強制力がないという点だ。「審査を申し出るのは意識の高い管理組合だけ。本当に解決すべき管理不全のマンションを動かすには力不足」。マンション管理のコンサルティングを手がけるソーシャルジャジメントシステムの廣田晃崇社長は指摘する。

象徴的なのが、管理協が20年4月から12月にかけて実施した「仮評価」だ。加盟する管理会社142社が受託する全国約6万棟のマンションを対象に、本番と同様の審査項目を用いて管理状態を審査した。その結果が先のグラフだ。S評価とそれに次ぐA評価が全体の6割を占めた。

しかし、これが全国のマンションの実情を表しているわけではない。一部の管理会社や組合が審査への協力を拒んだほか、管理会社が不在で管理不全が深刻なマンションは対象に入っていないためだ。

管理協自身、「国内マンションの管理状態の構成比を表しているわけではない」と認める。22年4月から制度が正式に始動しても、この傾向は変わりそうにない。

管理組合の幅広い参加を募るには「アメ」が必要だ。管理協は点数に応じた損害保険料の割引や共用部リフォーム融資の優遇を検討している。21年8月には、評価の高いマンションに対する固定資産税などの税優遇を盛り込んだ要望書を国に対して提出した。

「マンションは管理を買え」といわれて久しいが、管理状態をマンションの資産価値に反映させるには、管理組合の主体的な取り組みが不可欠だ。「管理組合が活性化しているマンションは、おのずと管理の質も高まる。管理組合の活性化には区分所有者の当事者意識がカギ」(ソーシャルジャジメントシステムの廣田氏)。

このほか、管理協・国いずれの制度も外形的な要素を重視するあまり、住民同士の交流や活発な理事会活動といった定性的な審査項目が不足している、審査に協力する管理会社の事務作業が増える、といった課題も指摘されている。

国や業界は必死に笛を吹くが、どれだけの管理組合が来春の制度導入に向けて踊るかは未知数だ。

(一井　純)

頼れる管理会社　上位100社はここだ!

「管理会社がマンションを選別する時代」へ突入した今、住民は頼れる管理会社をどのように評価すればよいか。

まずは、マンション住民へのサービスを低下させないような管理会社はどこかが気になるところだろう。それを探る指標の1つが、「管理業務主任者1人当たり棟数」だ。管理業務主任者は、マンション管理会社が管理組合と契約を結ぶときに必要な国家資格者。管理組合に管理状況を報告したり、組合の運営をサポートしたりする。

手間のかかる仕事で、管理業務主任者1人当たりの棟数が多いと、各マンションに十分なサービスが行き届かないかもしれない。運営のサポートは管理業務主任者でなくてもよいが、契約に関する重要事項の説明や管理事務報告は管理業務主任者が行う必要がある。

管理業務主任者1人当たりの棟数だけで評価するのは十分ではない。スケールメリットも重要だ。

売上高にも着目

マンション管理会社自体にも、管理業務や事務処理といった間接部門の仕事がある。売上高が大きければそうした間接費用を効率化でき、巡り巡ってマンション住民へのサービス対応力も向上できるはず。そう考えて「マンション管理部門売上高」をもう1つの評価指標として採用した。

こうして「管理業務主任者1人当たり棟数」と「マンション管理部門売上高」の2指標で評価し、2指標ともデータがある会社を対象に総合ランキングを掲載する。総合点数は管理業務主任者1人当たり棟数の少ない順とマンション管理部門売上高の大きい順のそれぞれの順位を合計したもの。総合点数が低いほうが上位となる。

ランキングはマンション管理業協会のホームページに掲載されている正会員352社の管理実績や財務状況を集計した。決算期は各社異なるが、入手可能な最新期のデータでランキング。大和ライフネクストは最新期のデータが一部空欄だったため自社ホームページで開示している数値で補足した。大手管理会社でも最新期のデータが開示されていない場合は集計対象になっていないこともある。

マンション管理会社 総合ランキング100

順位	会社名(所在地)	総合点数 指標❶と❷の順位を合計	指標❶ 管理業務主任者1人当たり棟数	指標❷ マンション管理部門売上高(億円)
1	東急コミュニティー	4	2.67	556.9
2	大和ライフネクスト	7	3.62	550.5
3	野村不動産パートナーズ	11	3.95	383.6
4	住友不動産建物サービス	16	4.17	308.3
	三井不動産レジデンシャルサービス	16	4.22	355.0
6	合人社計画研究所(広島県)	21	4.57	161.4
7	穴吹コミュニティ(香川県)	23	4.80	217.3
8	三菱地所コミュニティ	27	5.45	455.7
9	東京建物アメニティサポート	31	5.30	114.4
10	大和地所コミュニティライフ	34	4.02	34.8
11	大成有楽不動産	35	5.08	72.5
12	近鉄住宅管理(大阪府)	36	5.31	72.9
13	双日ライフワン	43	4.39	32.7
14	鈴与三和建物	47	5.04	33.1
15	大京アステージ	51	6.76	594.7
16	日鉄コミュニティ	52	6.12	72.6
17	NTTアーバンバリューサポート	54	2.15	20.0
18	伊藤忠アーバンコミュニティ	56	6.47	110.2
19	穴吹ハウジングサービス(香川県)	57	6.54	126.8
	マリモコミュニティ(広島県)	57	5.05	27.3
21	関電コミュニティ(大阪府)	58	5.46	31.8
	ナイスコミュニティー(神奈川県)	58	6.43	66.8
23	ゴールドクレストコミュニティ	61	4.13	19.4
	三井不動産レジデンシャルサービス関西(大阪府)	61	6.05	37.7
25	住商建物	63	5.44	27.2
26	相鉄リビングサポート(神奈川県)	64	5.46	27.4
27	名鉄コミュニティライフ	69	5.49	25.7
28	明和管理	72	6.60	40.8
29	横村ビル管理(愛知県)	77	6.45	31.6
30	日本ハウズイング	79	8.53	423.3
31	フージャースリビングサービス	81	4.66	13.7
	ライフポート西洋	81	7.35	54.1
33	ホームライフ管理	85	7.32	39.1
34	阪急阪神ハウジングサポート(大阪府)	88	7.26	34.1
35	積水ハウスGMパートナーズ(大阪府)	89	6.93	30.3
36	アパコミュニティ(石川県)	90	5.30	13.3
	京阪カインド(大阪府)	90	6.11	19.1
38	神鋼不動産ジークレフサービス(兵庫県)	93	4.86	11.1
39	セントラルライフ	94	5.95	16.3
40	東洋コミュニティサービス(大阪府)	95	6.50	22.0
41	モリモトクオリティ	99	6.86	23.3
42	朝日管理	100	6.48	17.9
	レーベンコミュニティ	100	8.82	46.6
44	浪速管理(大阪府)	101	8.43	34.4
45	南海ビルサービス(大阪府)	104	5.81	12.7
46	伏見管理サービス	105	8.96	40.8
	菱サ・ビルウェア	105	8.06	28.3
48	サンヨーホームズコミュニティ(大阪府)	111	6.96	17.3
49	小田急ハウジング	113	5.53	9.5
50	グローバルコミュニティ(大阪府)	116	10.89	76.2
51	日本住宅管理(大阪府)	117	10.53	65.4
52	陽光ビルサービス(宮城県)	123	4.71	7.6
53	グローブシップ	124	2.83	6.8
54	アポロビルサービス	125	6.80	12.4
55	クラシテ	126	10.30	32.9
56	エム・シー・サービス	134	9.85	23.3
57	章栄管理(広島県)	135	7.00	10.7
58	長谷工コミュニティ九州(福岡県)	137	9.77	20.0
	矢作ビル&ライフ(愛知県)	137	5.82	7.8
60	カシワバラ・デイズ(大阪府)	141	10.15	20.4
	日本管財住宅管理(大阪府)	141	13.55	53.1
62	エム・エフ・リビングサポート	145	5.70	7.1
63	東福互光(福岡県)	146	8.83	14.1
64	互光建物管理(大阪府)	148	11.04	25.0
65	エムエムエスマンションマネージメントサービス(北海道)	149	11.03	23.8
	三井不動産レジデンシャルサービス北海道(北海道)	149	6.44	7.8
	森トラスト・レジデンシャルサービス	149	7.50	9.4
	レジデンス・ビルディング マネジメント	149	6.35	7.6
69	三交コミュニティ(三重県)	150	7.08	9.0
70	ユニオン・シティサービス	151	11.27	24.7
71	日本総合住生活	152	17.93	61.5
72	オークラハウジング(大阪府)	153	10.18	15.8
73	三井物産フォーサイト	155	10.13	14.5
74	日本建物管理	162	7.67	8.5
75	秀栄興産	164	8.28	8.8
	長友	164	6.22	6.4
77	西鉄不動産(福岡県)	165	8.39	8.9
	ファシリティ パートナーズ	165	6.74	7.1
	ランドメンテナンス(福岡県)	165	6.55	7.0
80	中部互光(愛知県)	169	8.94	9.2
81	ロウジュウコミュニティー(広島県)	172	5.56	5.1
82	和光建物総合管理(京都府)	174	11.76	15.0
83	日神管財	175	20.67	28.3
84	ユーホーム(愛知県)	176	10.00	9.3
85	青山メイン企画	177	10.20	9.7
	ハリマビステム(神奈川県)	177	6.38	5.5
87	晴耕雨耕(兵庫県)	178	10.36	9.9
88	東京互光	180	10.55	10.3
89	太平洋興発	181	9.04	8.3
90	国土管理	182	10.33	9.5
91	新日本管財	183	8.79	7.8
92	ジャストアメニティ(神奈川県)	184	7.79	6.9
93	サニーライフ	187	13.88	14.3
94	エスリード建物管理(大阪府)	189	17.48	16.5
95	ファビルス(福岡県)	190	8.00	6.6
	フジ・アメニティサービス(大阪府)	190	8.33	6.9
97	イノーヴ	191	7.63	6.3
98	東京ディフェンス	194	7.58	5.8
99	高光トラスト(愛知県)	197	12.47	9.9
100	クレアスコミュニティー	200	19.95	15.2

(注)総合点数は、指標①の管理業務主任者1人当たり棟数が少ない順と、指標②のマンション管理部門売上高が大きい順の、それぞれの順位の合計。総合管理棟数100以上のマンション管理会社が対象。入手可能な最新期のデータ。会社所在地なしは東京都 (出所)マンション管理業協会のデータを基に東洋経済作成

1位は東急コミュニティー。大手不動産会社、東急不動産グループのマンション管理会社だ。管理業務主任者1人当たり棟数、マンション管理部門売上高ともに2位。総合管理棟数が6523棟に及び、管理業務主任者も2440人抱えている。管理受託による売り上げも大きいが、マンションの修繕工事を積極的に受注していることも売り上げに寄与しているようだ。

2位から4位も不動産デベロッパー系が並んだ。新築マンションの販売が多く、その管理を受託して売り上げが膨らんでいる。

マンション管理はひとたび受注できれば数年から数十年にわたって安定的な収益を得られる。そのため受注するときの採算が極めて重要になる。人件費や工事費が上昇した今、管理会社がマンションを選別する姿勢はますます厳しくなるだろう。裏を返せば、住民にとっての管理会社選びは一段と難しくなっている。

（福田　淳）

積み立て不足をどう解消？

修繕積立金　増額の秘訣

【解決のポイント】
・長期修繕計画を見直す
・収益源の多様化を図る
・理事長だけで抱え込まない

「なぜこんなに高騰しているんだ」。2021年9月、国土交通省は「マンションの修繕積立金に関するガイドライン」を改訂したが、その策定作業中、国交省の担当者は驚きの声を上げた。

国交省はガイドラインで、修繕積立金の目安を、マンションの階数と建築延べ床面積ごとに示している。その額は10年前の前回公表時に比べ、25〜64%も上昇している。とくに20階以上のマンションでの上昇幅が大きい。国交省の担当者が目を丸くしたのもうなずける。

修繕積立金は10年で25～64%も上昇

―修繕積立金の平均額の目安―

階数	建築延べ床面積	2021年9月公表 平均額（㎡当たり月額、円）	前回公表 11年4月比上昇率	前回調査との比較感
20階未満	5000㎡未満	335円	54%	 *1
	5000～1万㎡	252円	25%	 *2
	1万～2万㎡	271円	52%	 *3
20階以上		338円	64%	

（注）*1 前回公表「15階未満の5000㎡未満」と比較。*2 前回公表「15階未満の5000～1万㎡」と比較。*3 前回公表「15階未満の1万㎡以上」と比較

（出所）国土交通省「マンションの修繕積立金に関するガイドライン」

要因は、人手不足を主因とする修繕工事費の高騰だ。少子高齢化が進み、とび工や塗装工などの作業員が慢性的に不足している。工事のために作業員をかき集めると、賃金や募集費用がどうしても高くなる。加えてここ5～6年、鉄筋など資材の価格も高騰している。

国交省ガイドラインの修繕積立金は、あくまで目安にすぎない。だが、多くのマンションが修繕積立金の不足感を抱いている。国交省が全国約1700のマンション管理組合に対し2018年度に実施した調査では、「修繕積立金が計画に対して不足している」と回答した割合が約35％に上った。

調査から3年経った今、不足感は一段と増しているとみられる。マンションの修繕積立金は新築時には低めに設定されることが多い。売りやすくするためだ。だがその後の人件費高騰などで、修繕工事費は膨らむ一方。修繕積立金で修繕工事費を賄えないマンションが続出する可能性は高い。

増額の道筋がわからない

不足を補うため、月々の修繕積立金を増額する必要に迫られているマンション管理組合は多い。だが、増額すると家計負担を圧迫するので、住民からの反発を招きかねない。「どのような道筋で増額していけばいいのかわからない」。都内のマンションで管理組合の理事を務める阿部佐知子さん（仮名）はそう吐露する。

修繕積立金には2つの種類がある。3年ごとなど一定の期間で段階的に増額していく「段階増額方式」と、原則として将来的に額を変えない「均等積み立て方式」だ。「最近は均等積み立て方式に変更したいとの相談が増えている」（さくら事務所のマンション管理コンサルタント・土屋輝之氏）。

段階増額方式から均等積み立て方式へ変更すると、大きな増額となることがほとんど。管理組合の財政は潤うが、住民の負担が急に増えるデメリットもある。

どうすれば住民の納得を得られるか。均等積み立て方式に変更し、積立金の増額に成功した管理組合の実例を見ていこう。

大規模マンション「トキアス」（東京都荒川区）は18年、修繕積立金を月70円／平方メートルから、その3倍超となる257円／平方メートルに上げた。当時、トキアスの管理組合で理事長を務めていた平澤裕二さんは語る。

「当時の修繕積立金のままでは10年後に控える大規模修繕の費用を賄うのは不可能だったので、思い切った増額に踏み切った」

もちろん、すんなり増額できたわけではない。理事会が説明会を何度も開き、忍耐強く住民に必要性を説いていったことが奏功した。

均等積み立て方式に変える組合が増加中

—均等積み立て方式と段階増額方式のイメージ—

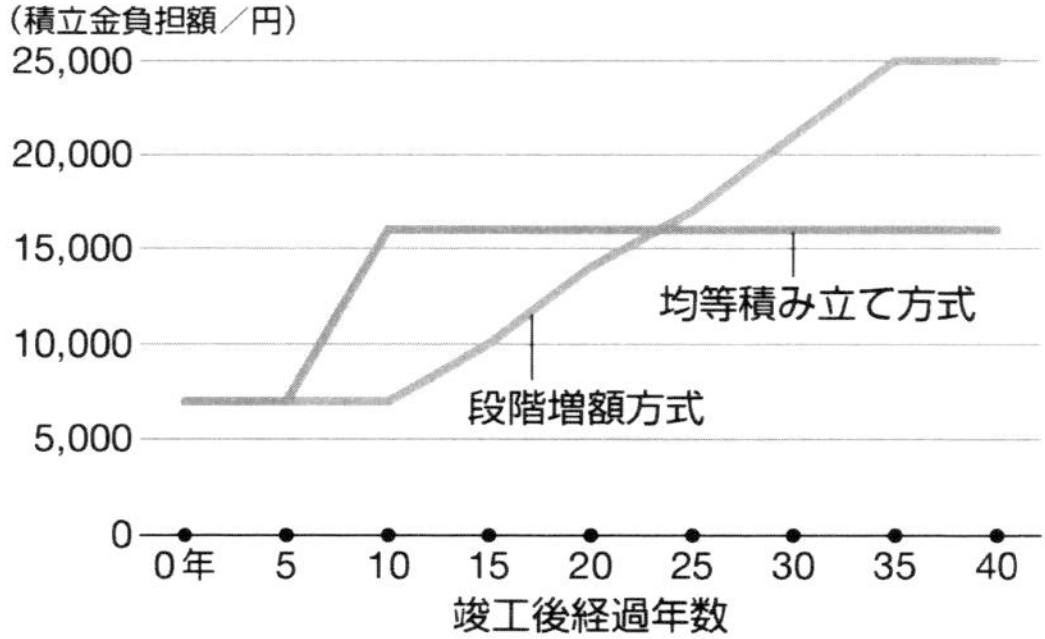

コストダウンを同時提案

増額に成功した管理組合の実例を見ると、住民の理解を得るには、次の3つの要素を取り入れることがポイントといえそうだ。

1つ目は、修繕積立金の増額と同時に、大規模修繕工事の周期の見直しも提示すること。

竣工して間もないマンションの場合、30年程度の長期修繕計画を立てているケースが多い。これに対して、さくら事務所の土屋氏は「私は60年目ぐらいまでの長期修繕計画を提案するようにしている」と話す。

一般的なマンションは大規模修繕工事の周期を12年としていることが多い。国交省ガイドラインの影響から「大規模修繕工事は12年ごとに実施するもの」との認識が独り歩きしているためだ。だが、竣工から12年後では、目立った汚れもなく、破損箇所が見当たらないマンションは結構あるものだ。

管理会社も、周期の見直しを含めた修繕プランを積極的に提示しつつある。大手管理会社の東急コミュニティーは、仕様や工法などを工夫することで、周期を最長18年にする修繕サービスを展開する。

12年周期だと60年間で5回だが、2回目以降を仮に18年周期にすれば同3回で済む。費用のかかる足場（外壁塗装などをするために組むもの）の設置回数が減り、トータルの修繕費用が大きく削減される。

「このようなコストダウンの要素を織り込みながら、長期の計画をわかりやすく説明し、どれだけの積立金が足りないかを提示して、増額の必要性を理解してもらうとよい」と、さくら事務所の土屋氏。永住意識を持って住んでいるファミリータイプの住民が多いマンションだと、将来の年金不安もあり、修繕積立金を即座に値上げしてもすんなり承認されることがあるという。

住民への説得力を増すための2つ目の要素は、管理組合の収益源の多様化を図ることだ。

神奈川県川崎市のタワーマンション「パークシティ武蔵小杉ミッドスカイタワー」

は、21年に修繕積立金を月11円／平方メートル引き上げた。その一方で、「管理費を同額分下げたので、住民の負担は変わらなかった」と、同マンション管理組合の副理事長、志村仁さんは強調する。そのポイントとなった施策の1つが、有料設備の整備・拡張だ。

駐輪場に空きがあったので、そこにトランクルームを設置。好評だったため次々と増設し、今は計264基ものトランクルームが整備され、月4000～7000円の使用料で、フル稼働状態になっている。

また、受益者負担徹底の観点から、利用者が一部に限定されるゲストルーム、レンタサイクル、時間貸し駐車場などの料金を引き上げた。これらの施策により、管理組合の年間収入は8年前に比べて15％以上も増えた。

さらに、管理組合の資金を高格付け社債などに投資し、その運用益は資産の7％に達している。こういった複数の収益源を確保して、修繕積立金の引き上げ額と管理費の引き下げ額をイーブンにすることを可能にした。

空回りで猛反発を受ける

3つ目の要素は、理事長だけで増額問題を抱え込まずに外部の力を利用して説得力を高めることだ。

「何とかしなければとの思いが空回りしていた」。大規模マンション「ザ・パークハウス東戸塚レジデンス」(神奈川県横浜市)の元理事長、赤木喬さんはそう振り返る。

赤木さんは2018年にマンションを購入した際、管理会社が提示した重要事項説明書に「31年目以降に新たに発生するとされる修繕項目がある」との奇妙な記述があることに気づいた。赤木さんは直感した。「将来の修繕積立金が足りなくなるということだな」。

管理会社にこの内容を確認すると、確かに将来の修繕費用を織り込んでいないものがあり、かつ一般会計から支出しなければならない工事項目も一部あるという。ただ、その対策について質問しても、納得のいく回答は得られなかった。「このままでは、管理組合の財政がもたなくなる」。そう考えた赤木さんは19年に管理組合役員に立候補し、理事長に就任。早々に修繕工事の対策に乗り出した。

ところが、である。「なぜこの問題を取り上げたのか」「今期の役員が取り上げる内容ではない」「議論が深まっていない」と、お金に関することを決めたがらない理事会メンバーから、猛烈な反発を食らった。理事会はたびたび紛糾。けんか別れで終わることも少なくなかった。

理想と現実の壁に打ちひしがれていた赤木さんは、修繕工事に関するアドバイスをさくら事務所に求めることにした。さらに、管理組合の運営に関する助言もマンション管理士の中村優介氏に求めた。そうすることで理事会の理解が深まり、管理会社からも適切な支援を得られるようになっていった。

赤木さんのマンションは外部専門家の助言を受け入れながら、大規模修繕の周期を12年から15年に延ばし、同時に住民との意見交換会を複数回開催。毎月の広報誌に加え、「長期修繕計画新聞」という特別版もたびたび発行し、カラー印刷で237戸全戸に配った。

これらの成果により、21年7月の通常総会で、修繕積立金を月100円／平方メートルから347円／平方メートルへ引き上げることが採決された（60年均等積み立て方式）。「管理会社やコンサルタントと一体になって取り組めたのがよかった」と赤木さん。独断で力任せに進めるのではなく、外部の力を活用しながら根気強く住民に説明していけば、道は開けそうだ。

（梅咲恵司）

いつまで続く？　修繕費高騰

マンション修繕のための積立金の上昇が続いている。首都圏のファミリーマンションを対象にした東京カンテイの調査によると、２０２０年の修繕積立金の平均は月８０４０円と5年連続で上昇。２１年１～６月も同８１７１円と、右肩上がりの状況は変わっていない。

「一般的に修繕積立金は新築価格と連動する」と東京カンテイ市場調査部の井出武・上席主任研究員は分析する。次のグラフのように新築マンション価格の上昇に合わせるように、修繕積立金も上がってきている。建設工事費だけでなく修繕工事費も上昇しているからだ。

修繕積立金は新築価格に連動

―首都圏新築マンションの修繕積立金とマンション価格の推移―

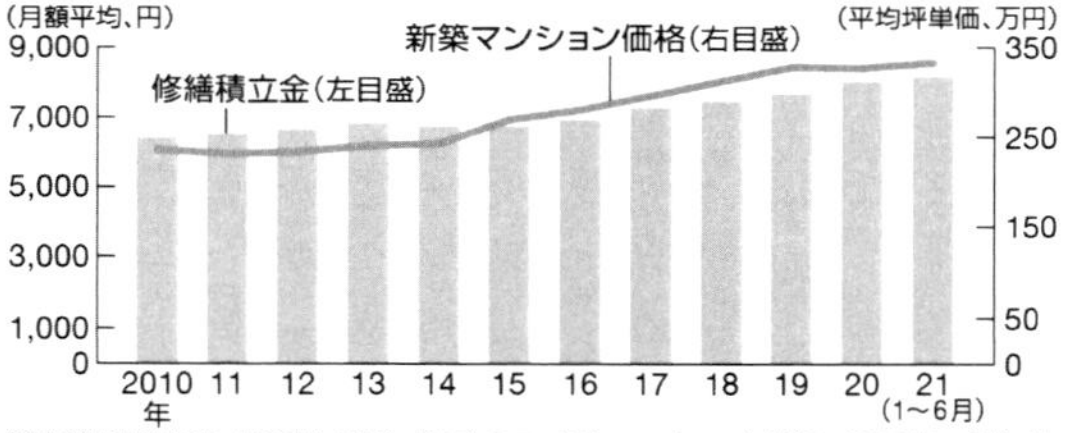

(注)首都圏(東京、神奈川、千葉、埼玉)のファミリーマンションを対象に2010年～21年(1～6月)の期間について集計したもの。修繕積立金は1戸当たりの単価を基に専有面積70㎡に換算したもの　(出所)東京カンテイ

背景にあるのは人手不足による建築費の高騰。２１年秋、修繕工事を行うマンションが急増した。新型コロナウイルスの感染拡大により修繕工事の開始を決議できない管理組合が続出。修繕工事が延期になり、その積み残しがこの秋に回ってきた。

工事需要が急激に膨らむと、現場の作業員が不足する。マンション計画修繕施工協会の中野谷昌司・常務理事は、「とび工が足場を組むのは春工事に備える1～2月、そして秋工事に備える8～9月と、大体の時期が決まっている。もともと若者の採用が難しい職種だけに、繁忙期にはとび工の奪い合いになる」と話す。

作業員を確保するには賃上げが欠かせない。「マンションの修繕工事は労務費の比率が高く、工種によっては7割を超える」（建設会社の幹部）。とび工などの人件費上昇は修繕工事費の高騰に直結する。

超高層マンションの場合、さらに修繕工事費の上昇圧力がかかる。1～9階建てマンションなら足場の費用は全工事費のうち約２０％で済む。しかし、５０～５５階建てになるとその比率は５０％弱にまで高まる。超高層には通常の足場は使えず、移動昇降式やゴンドラといった特別なものが必要となるからだ。そこに人手不足による労務費高がのしかかる構図になっている。

しかも、鉄筋など資材の価格もここ数年、上昇が続いている。修繕工事費がピークアウトするのはしばらく先になりそうだ。

住民の意識も変わった

そうなると、将来の修繕工事費を予想して算出されている修繕積立金の総額が不十分になる懸念がある。こうした財政リスクを認識するマンション住民は増えつつあり、今後、修繕積立金を増額する管理組合は増えるとみられる。

22年4月には、マンションの管理状態や管理組合の運営状態を点数化する「マンション管理適正評価制度」もスタート。高い点を取れば、資産価値の維持に役立つ。そのために修繕積立金を増額しようという管理組合も出てくるだろう。

また、修繕積立金の増額はこれまで、10年ごとなど段階的に行う方式が一般的だった。しかし今後、年金頼みの高齢者が増えると、増額を決議するのが難しくなる。そうした将来を見越して一気に増額する組合が増える可能性がある。

住民意識の変化に加え、不動産会社の販売戦略も変わりつつある。20年に野村不動産グループが販売を開始した「プラウド代官山テラス」（東京都渋谷区）は、管理費が月6万7800～11万4100円、修繕積立金が2万0540～3万4540円と、周辺相場より高額に設定されていた（調査会社調べ）。

前出の井出研究員は語る。「マンションの管理費や修繕積立金を最初から高めに設定して売り出す不動産会社が出てきた。ハイグレードな物件であることを訴求し、将来の大規模修繕への備えもできていることをアピールする狙いだろう」。

住民側、販売会社側とも意識はかつてと変わっており、修繕積立金の上昇トレンドはしばらく続きそうだ。


（梅咲恵司）

空きが目立つ！

駐車場をトラブルなく撤去する方法

【解決のポイント】
・メンテ費用と撤去費用を比較
・サブリース活用

「思い切って一部を取り壊そう」。東京都荒川区の大規模マンション「トキアス」は駐車場の縮小を決め、2021年9月に工事を始めた。120台分の機械式立体駐車場が撤去され、30台が置ける平置き駐車場に変わる。竣工は22年初の予定だ。

トキアスの機械式立体駐車場は全部で約620台を駐車できたが、若者の自動車離れなどを背景に稼働率が年々低下。2019年の稼働率は約7割まで落ちていた。使用料を高めにしていた地下区画の稼働率は50％を下回っていた。

管理組合の理事会では駐車場の空き問題について14年ごろから話し合われていた。長い議論を経て、駐車場の20年間の総メンテナンス費用は、現状を維持するよりも、その一部を取り壊して平置きに変えたほうが大幅に安くなることがわかった。「長い目で見れば住民のメリットが大きい」（元理事の内田浩司さん）と判断。住民の理解も得て、19年の管理組合総会で一部取り壊しが採決された。

駐車場の使用料が管理組合の一般会計や修繕積立金の収入源となっているマンションは多い。駐車場を縮小すれば管理組合の収入も減る。住民の反発を受けそうなものだが、トキアスは混乱なく理解を得られた。そのポイントは縮小と同時に使用料の価格改定を打ち出したことだ。

不人気だった地下の区画を最も安くし、人気だった1～4階の区画を月1000～2000円引き上げた。エントランスに近い場所と遠い場所でも価格の差をつけた。結果、それぞれの家計状況や利用状況に応じて住民が利用スペースを変更し、新たな申し込みも増え、全体の稼働率が上がった。120台分を撤去したものの駐車場からの年間収入は減らないという。

駐車場のサブリースを利用する事例もある。サブリース会社がマンションの空き駐車場を一括で借り上げ、毎月の賃貸料を保証するサービスだ。

高層マンション「THE TOYOSU TOWER」(東京都江東区)は、3棟あるタワー型立体駐車場のうち1棟(約120台分)をサブリース契約し、22年1月から外部利用者に貸し出す。

外部の利用者を受け入れると、住民はセキュリティーの観点からどうしても抵抗感を持つ。出庫操作はマンション内で行うからだ。そこで、外部利用者はタワーパーキング前の操作盤で出庫操作をする仕組みに変更し、建物の外で入出庫の作業が完結するようにした。

これまでタワー型立体駐車場の稼働率は約50%と低迷し管理組合の収入に影響を与えていた。が、「サブリース契約にしたことで年間1000万円を超える賃料保証があり、管理組合の収支が改善する」と理事長の村山行英さん。サブリースは2年契約で、その後1年ごとに更新。状況を見ながら今後の運営を判断する。

(梅咲恵司)

在宅勤務時の「音」が気になる

修繕工事の騒音対策

【解決のポイント】
・事前周知を小まめに
・作業員の動線を確認

「音がうるさい。工事を中止しろ」。大規模修繕工事は大がかりなだけに騒音のトラブルが発生しがちだ。とくに外壁の周りに作業用の足場を組む際は、コンコンと作業の音が出やすい。そういったとき、冒頭のような住民のクレームが管理組合に寄せられるケースは多い。

新型コロナウイルス禍で住民の在宅勤務が増えたこともあり、工事と仕事の時間帯が重なることがたびたびある。「在宅勤務で大事な会議がある。せめて今日の午前中は工事を止めてほしい」。リモート会議では周囲の騒音で声が聞こえにくくなるので、このような個別の要望が出るケースも珍しくない。

修繕工事中の騒音対策については、事前周知の徹底が不可欠だ。さくら事務所のマンション管理コンサルタント、土屋輝之氏は「見える化」を提案する。「『修繕工事による騒音が発生するのは、南側はいつからいつまで、次の1週間は北側……』といったスケジュール表を色分けして住民へ事前に配付しておくとよい」と話す。

さらに土屋氏は、在宅勤務している住民に対しては、「音の影響を受けやすい期間はゲストルームをご利用ください」「ビジネスホテルのデイユースなどワーキングスペースを予約しておくことをお勧めします」などと事前に促すとよい、とも。事前周知を小まめにすることが大事だ。

マンション計画修繕施工協会（ＭＫＳ）の中野谷昌司・常務理事は、ネットを活用した周知活動の必要性を説く。「ＬＩＮＥやツイッター、マンション住民専用ホームページなどを使って、工事の内容を周知すると効果があるだろう」。

２０２１年６月に改正された国土交通省作成のマンション標準管理規約では、ウェブ会議システムを用いた総会に関する規定が盛り込まれた。騒音対策や広報活動など、管理組合の運営にウェブを活用する場面は今後増えてきそうだ。

感染対策の徹底も重要

修繕工事では、新型コロナの感染予防も欠かせない。工事期間中は複数職種の作業員が次々とマンション内に入ってくる。作業員、住民ともに感染リスクを避ける必要がある。

ＭＫＳは２０２０年６月、関係団体と「マンション計画修繕工事における新型コロナウイルス対策ガイドライン」を策定し公表した。政府の要請に基づくもので、内閣府の業種別新型コロナ感染対策ガイドラインとして採用されている。

「ガイドラインができたことで、何をどこまですればいいのか、基準を明示できるようになった」とＭＫＳの中野谷常務理事。「作業員の動線をどう管理するのかがポイント。例えば当日の工事が8階の3部屋を予定しているのであれば、どの通路を使って移動するのかなどを現場管理者が把握する。仮に作業員に陽性者が出ても経路がわかるように、予定の把握と結果報告を徹底することが重要だ」。

コロナ禍で、騒音や感染対策に悩む管理組合は多い。事前の見える化やガイドラインの活用で、情報を共有することが一助になりそうだ。

（梅咲恵司）

談合やリベート　悪徳コンサル撃退法

【解決のポイント】
・過去の公開情報をチェック
・依頼する目的を明確に

マンションの大規模修繕工事の市場規模は、今や7000億円超と試算されている。発注するのはマンションの管理組合だ。ほとんどが工事の素人なので、ついコンサルタントのアドバイスに頼りたくなる。だが、コンサルへの委託には落とし穴もある。

最近の大規模修繕工事は約7割が「分離発注方式」。修繕すべき箇所の診断と、工事の設計・監理を外部のコンサル（設計監理者）に委託し、施工は別の業者に任せる方式だ。工事業者を決めるときに競争原理が働き、工事費を抑えられるメリットが期待できる。

しかし最近は、「設計監理者であるコンサルと、施工を担当する工事業者との間で、談合やリベートがはびこっている」と、マンション管理組合専門のコンサルティング会社、シーアイピーの須藤桂一社長は指摘する。

談合やリベートの仕組みはこうだ。悪徳コンサルは、まず安い見積もりを管理組合に提示し、診断と設計の仕事を受注する。そして工事業者を選ぶ公募において、「資本金1億円以上」「大規模マンションでの修繕工事の実績が年間2件以上ある」といった厳しい入札条件をつける。これにより特定の事業者しか受注できないようになる。こうして受注に成功した工事業者から、コンサルは工事費の5〜10%をリベートとして受け取る――。

このような悪徳商法を仕組まれると管理組合は、設計監理料を安くできても、トータルではリベートがたっぷり乗った高い工事費を支払わされることになる。

談合やリベートの端緒を捉えるのは難しい。見分ける方法の1つは発注を検討しているコンサルに、過去数年に手がけた修繕工事の入札条件や実際に発注した工事業者を公開情報（新聞に掲載した公募情報など）で開示してもらうこと。厳しすぎる入札条件が含まれていないか、特定の事業者に発注が集中していないかをチェックするとよい。

理事経験があるかを確認

大規模修繕のみならず、管理会社の変更でコンサルを使う管理組合もある。そのときも注意が必要だ。

大規模マンション「トキアス」（東京都荒川区）の元理事長で、数多くのコンサルと交渉した経験のある平澤裕二さんは語る。

「『管理会社を替えれば年間３０％のコストダウンになる』など、必要以上に合理化を強調して売り込むコンサルタントには気をつけたい。そういうコンサルはコストを下げるため無理なことをする傾向があり、結果的にマンションの質が落ちることになる」

さらに平澤さんは、コンサルを選ぶ前の段階で依頼する目的を明確にしておくことが大事と説く。「コスト削減を優先したいのか、それともコストは多少上がっても管理の品質を向上させたいのか。そのうえで住民の目的に寄り添ってくれるコンサルなのかを見極めるとよい」と話す。

具体的に平澤さんはコンサルを選ぶ際、「あなた自身はマンションに住んでいますか」「管理組合の理事の経験はありますか」と、必ず質問したという。実際にマンションに居住し、理事の経験もあれば、管理組合が抱えている悩みのポイントを的確に把握してくれることが期待できる。

悪徳コンサルかどうか。複数の角度から慎重に見極める必要がある。

（梅咲恵司）

効率よくブラッシュアップしたい！

住民にウケる改修・改善

【解決のポイント】
・住民にわかりやすく訴求
・新しい需要に柔軟対応

「マンション内の施設や設備の使い勝手をよくしたい」。ほとんどの住民が抱いている思いだろう。ただ、財政に余裕のある管理組合は少なく、費用と効果を考慮して取り組みたい。

「上北沢ヒルズ」（東京都世田谷区）は2021年9月、2回目の大規模修繕が始まったのを機に、マンションの価値や居住性の向上を目的として、さまざまなリニューアルに着手した。「住民にわかりやすくアピールするにはどうしたらいいか」。同マンションで理事を務める高谷智恵子さん（仮名）は改修・改善に際し留意した点を語る。「混雑していて使いにくい」「自転車が傷つく」。管理組合には駐輪場の改善に関する要望が多数寄せられていた。自転車ラックが固定式の平置き型だったため、上部空間を活用できておらず、カゴの大きな自転車だと出し入れの際に隣の自転車とぶつかった。

そこで、理事会は自転車ラックを最新の2段式に入れ替え、同時に受益者負担として使用料を取ることを提案し、臨時総会で決議された。上段は軽い力で垂直に移動でき、下段もスライド式のため自転車同士がぶつかることはない。入れ替え費用は約250万円。大規模修繕に先駆けて着工し、8月から稼働している。住民からの評判は上々。40台分の区画はすでにフル稼働状態だ。

上北沢ヒルズはほかにも、高齢者が出入りしやすいようにと、エントランススロープに手すりを設置し、サブエントランスは自動ドアにする。改修・改善ではファミリー層に目が行きがちだが、幅広い住民に訴求できるかも肝要だ。

共用施設の大胆な用途変更に踏み切るマンションもある。「THE TOYOSU TOW-

ER」（東京都江東区）は、1階にコンビニエンスストアのローソンを入居させる。

約164平方メートルのこの区画は、もともと居住者専用の保育園が入っていた。が、2014年に事業者が撤退。その後はキッズルームとして運用されていたが、「広い割には有効活用できていなかった」（前理事長の菅谷武史さん）。

一方、2階には居住者専用のコンビニとしてセブン－イレブンが入っていた。こちらは約49平方メートルの広さしかなく、子どもに人気の肉まんなどホットスナック商品も置けないほど。売り上げは低迷し、管理組合が年間約1000万円を補填しなければならなかった。

新しいコンビニは居住者以外も利用できるよう、外への出入り口も設ける。他方、セキュリティー対策としてマンションに直通するほうの出入り口にはオートロックを整備する。2階にあった元のコンビニ区画にはキッズルームを移す。テナント料として年間約1000万円が管理組合の収入となり、セブンへの補填費用もなくなるため、合わせて約2000万円の収支改善になる。住民のニーズを探り、柔軟な思考で取り組むことが決め手になる。

（梅咲恵司）

新たな頭痛のタネ　最新トラブル&解決策

【解決のポイント】
・注意喚起のビラは一定範囲に絞る
・行政相談・外部専門家を活用

「隣の家から聞こえてくる掃除機の壁に当たる音が、やたらとうるさい」「ドライヤーの音が気になる」「子どもの足音が響いてくる」

共同住宅であるマンションでは、新型コロナウイルス禍により住民の自宅での滞在時間が増えたことで、冒頭のように周囲のちょっとした音などが気になるようになって、それが大きなトラブルに発展するケースが続出している。

日本マンション管理士会連合会が設置するマンション紛争解決センターの小林正孝センター長は、「これまで顕在化していなかった日常生活の騒音やベランダでの喫煙といったマナーの問題に、住人が気づく機会が増えている。トラブルは多くなっている印象だ」と話す。

このような問題に対して、住民はどう対応すればよいのか。いくつかの事例を見ていこう。

【騒音】

マンショントラブルの古典的なものが騒音問題だ。

「太鼓をたたくゲームソフトが子どもに人気だが、ゲーム機を床に置いてポコポコとたたくため、隣や上下階の住民から『音が気になる』と理事会にクレームが寄せられるケースは多い」。東京・足立区の大規模マンションで管理組合の副理事長を務める菊池伸也さん（仮名）はそう話す。

菊池さんは騒音問題については、「あくまでも当事者同士で解決するべき」としながらも、「管理組合で『お近くの方が音で困っていらっしゃいます』とのビラを作り、隣接する住戸に投函することで収まることが多い」と語る。

音が出ていると思われる部屋は意外と特定しにくいが、全戸に配ると逆に関心が向きにくい。一定の範囲に絞って「近くで困っている人がいる」と知らせることがポイントだ。

部屋の配置変えは慎重に

騒音問題では、より深刻なケースもある。「古いマンションで、構造躯体だけを残して間取りまで抜本的に変えるスケルトンリフォームが普及する中で、工事の騒音はもちろん、間取りが変わることによるトラブルも出ている」と、マンション紛争解決センターの小林センター長は言う。

例えば、上階が大規模なリフォームを実施したことで、階下住民の寝室の真上に浴室が配置されるレイアウトになってしまい、階下の住人が寝るときに「上階の入浴音が気になって仕方がない」とトラブルに発展したケースがある。

古いマンションの管理規約ではリフォーム時の部屋の配置まで規定がないところも多い。配管の制約がなければ、専有部分のリフォームが自由にできてしまう。

「(前出の)浴室問題は入浴する時間帯を階上の住人が配慮することで解決したが、リフォームはトラブルの芽をつねに抱え込むことになる。部屋の配置は慎重に考えるべきだ」と小林氏は強調する。

騒音問題がこじれて裁判になれば、原告が自治体の騒音基準に照らして客観的な音の存在を立証することになる。そのうえで裁判官が「受忍限度」について騒音の具体的内容、改善の容易性、被害者の精神的影響、加害者の態度などから総合的に判断することになる。

だが、原告が「上階のゴルフの練習音がうるさい」と主張したケースでは、音の存在が否定された。さらに、総会や理事会での原告の発言が、加害者と名指しされた税理士の名誉毀損に当たるとされ、逆に慰謝料を求められた。

『分譲マンション紛争の法律実務』の著書もある柄澤昌樹弁護士は、「騒音の問題では、音の存在が確定するまで管理組合の総会や理事会での言動には細心の注意を払う必要がある」とする。

【喫煙】

ベランダでの喫煙も、在宅時間が増えることでトラブルになりがちだ。管理規約でベランダでの喫煙が禁じられていない場合、問題が深刻化しやすい。

2011年に名古屋地方裁判所で訴訟になった有名な事例がある。原告が階下の住人にベランダでの喫煙をやめるよう繰り返し申し入れ、管理組合が回覧や掲示を出して注意もしたが、被告の住人は「窓を閉めれば済む」「階上の生活音もうるさくお互いさまだ」などとして取り合わなかった。

原告は「喫煙の被害で体調も壊した」として150万円の損害賠償を求めて提訴した。結局、名古屋地裁は原告の「精神的損害」を認めつつも、「原告はある程度は受忍すべき義務がある」として、原告の損害賠償請求のうち慰謝料5万円だけを被告が支払うよう判決を下した。

東京都でマンションのトラブル相談に応じている山村行弘弁護士は、「精神的損害で認められる慰謝料は概して安い。健康被害は因果関係の立証が難しく、医療費の請求はなかなか認めてもらえない。相談者が賃貸マンションに住んでいる場合は、引っ越すことを勧めている」と話す。

【置き配】

在宅時間が増えたことでEC（ネット通販）需要が伸び続け、マンションの共用部分に商品の入った荷物を置く「置き配」が増えた。この流れを受けて、国も対策を打ち出した。

共用部分に私物を置いてはならないことは大原則で、どこの管理規約にも大抵その旨の記述がある。そうした中、国土交通省は21年6月、管理規約のモデルとなる「マンション標準管理規約」の改正で、置き配についての留意事項を以下のように明確にした。

「専用使用部分でない共用部分に物品を置くことは原則として認められないが、宅配ボックスが無い場合等、例外的に共用部分への置き配を認める場合には、長期間の放置や大量・乱雑な放置等により避難の支障とならないよう留意する必要がある」

21年1月の国交省での「マンション管理の新制度の施行に関する検討会」では、「標準管理規約であえて置き配に言及する必要はない」とする反対意見もあったが、「生活様式の変化に対応していくことも管理組合の役割」「生鮮食品の置き配は認めない、引き取り時間を定めるなど、詳細なルールを定めればよいのではないか」という意見も出て、前出の文言に落ち着いた。

管理規約で禁じられた共用部分に物を置く行為は、「規約違反＝契約違反」で債務不履行となる。規約に規定がなくても区分所有法の「共同利益背反行為」に当たる。こうした原則がある中で例外規定ができたことは、画期的な出来事といえる。

今後、共用部分の置き配については、管理規約で明確にする必要があるだろう。

【理事長の不正】

最近は竣工してから年数の経ったマンションが増えてきた。ここで発生しがちなのが、管理組合の理事・理事長の不正問題だ。

公益財団法人マンション管理センターに寄せられた20年度の相談件数は9476件と、前年度比で約10％も増加。「総会の開催準備」についての相談が前年度に比べて2倍以上に増えているが、「理事長・理事会への不満」も前年度比で約35％も伸びている。

コロナ禍で理事会への不満がくすぶる
—マンション管理センターへの主な相談項目件数の推移—

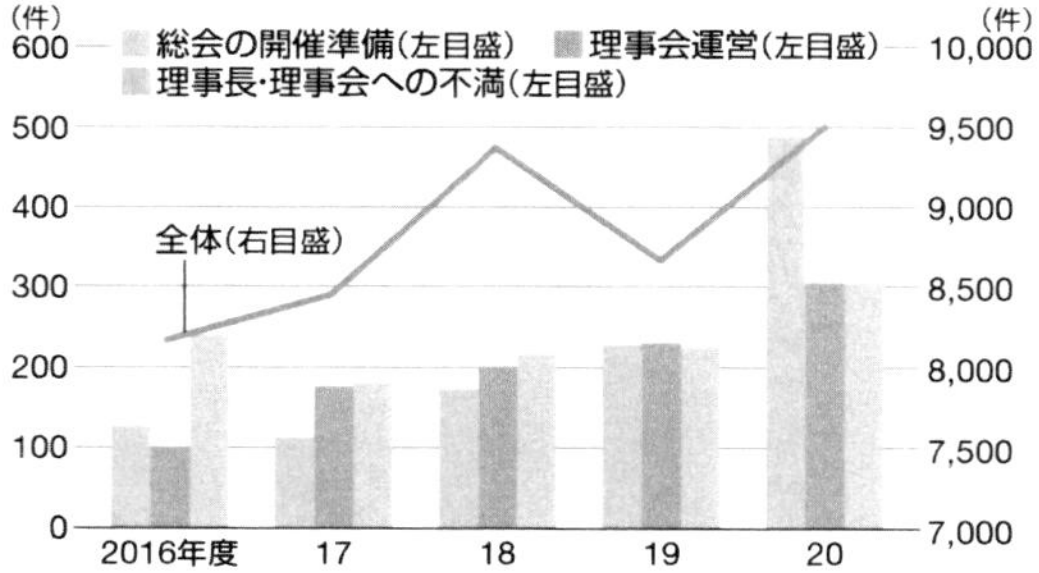

(出所)マンション管理センターのデータを基に本誌作成

センターには、「理事長が修繕工事を独断で発注している」「理事長の会計処理の内容が不透明だ」といった相談が寄せられているという。

今からおよそ6年前、東京・江東区のあるタワーマンションで管理組合の資産運用資金を理事長が私的に流用した疑いが持ち上がり、理事会が大紛糾した。このマンションの関係者は明かす。

「うちのマンションは資産運用で毎年1億円の国債を購入している。ところが理事長が自分の株取引で出した損失を埋めるため、運用資金から5000万円を横領したことが監査で発覚した」

このマンションでは管理費の預金通帳は管理会社が保管し、印鑑は理事長が保管することになっている。理事長は何らかの異例の手口を使い、出金伝票と印鑑で金を引き出していたという。

事件発覚後すぐに弁済されたため、組合は理事長の刑事告発を見送った。理事長はマンションから引っ越していったという。「建設会社に勤め、10年近く理事長を続けていた人だった。ほとんど独裁者として理事会に君臨していた」（前出の関係者）。

柄澤弁護士は、「管理組合への住民の関心が薄い場合、金の管理は理事長に任せきりになりがち。一方、長い間理事長を任されていると、『自分はこんなに一生懸命やっているのだから少しくらい拝借してもいいだろう』と思う人も出てくる。古いマンションでは修繕積立金も積み上がり、横領が起きやすい環境にあるといっても過言ではない」と話す。

あるマンションでは管理費を横領した前科を持ちながら、引っ越し先のマンションで再び理事長に立候補するつわものまでいるという。理事長は「儲かるビジネス」と考えるやからもいるというわけだ。

修繕工事も不正の温床

札幌のマンションの元理事長は、「修繕工事を発注する際も、不正が起きやすい」と話す。

あるとき、このマンションで防犯カメラが故障したので管理会社に修繕を指示した。が、管理会社が見積もりを取ったのは施工会社1社だけ。しかも「6万円程度の費用が発生する」と言われた。

相場からはどうにも高すぎるし、よく見るとサービス料などとして不明瞭な加算がある。管理会社に相見積もりを取るよう何度も要求したが、のらりくらりとかわしてくる。最後は元理事長が施工会社と直接交渉したところ、修繕費は1万円台になった。

「修繕費の相場なんてあってないようなもの。管理会社はマンションからの管理委託料が安くても、工事事業者と裏取引を行い、不当に高い金額で修繕工事を発注する一方で、工事事業者からリベートを受け取っている。このような悪徳商法は、悪意があればいくらでもできてしまう」（元理事長）

「不正を防止するには、監事会などをつくり、外部から監査の専門家を雇う対策も有効だ。組合活動の会計、運営の透明化のためにはコストをかけるべきだ」と、柄澤弁護士は指摘する。

トラブルが増えれば、それだけ管理組合の理事会が対応しなければならず、ボランティアの役員は疲弊する。こじれそうな相談は、マンション管理士が対応する行政相談窓口を利用することも解決の早道になるかもしれない。

（森　創一郎）

疲れ果てる理事会の実情

【解決のポイント】
・ほんの少しの思いやり
・裁判外紛争解決の利用

「理事会の世代間抗争に疲れ果てた」——。

東京・江東区のタワーマンションで理事を務める田中篤美さん（仮名・40代）は、ため息交じりにこうつぶやいた。田中さんのマンションでは、約20人の理事の間で〝いがみ合い〟が絶えない。

「理事会でよくもめるのは、修繕箇所の優先順位。子育て世代の理事と高齢理事のグループの間でなかなか折り合いがつかない」(田中さん)。例えば、駐車場からタワー棟までのひさしの設置。3年ほど前、「雨の日に小さな子どもや買い物の荷物を抱えながら傘を差すのは大変なので、10メートル程度のひさしを作ってほしい」との要望が、相当数の子育て世代の住民から理事会に寄せられていた。

理事会で話し合い、若手理事らが区役所に何度も足を運び、ひさし部分は建築面積に含まれず建ぺい率が変わらないことを確認するなど細かな準備も着々と進めていた。だが、工事の見積もりを取る段階になって、年配の理事らが反対し始めた。「とくに年配の理事長が『子どもや荷物なら下に降ろして傘を差せば済む話だ』と大反対。結局、ひさしの設置は頓挫した。その一方で、植栽を充実させたい、フィットネスコーナーに健康器具を置きたいといった年配理事たちの主張は承認され、次々に実現されていった」(田中さん)。

居住者と非居住者に溝

このマンションの理事長は大手建設会社ＯＢ。理事会では不動産の専門用語を駆使して声高に主張を押し通そうとする。対する若手理事にも弁護士、設計士がいるが、理事長は彼らの提案に感情的になって反対する。そんな理事会のありさまに嫌気が差し、ひさし問題の後、３人の若手理事は任期途中で退任してしまったという。

実際に住んでいる「居住者」と、部屋を貸して賃料を稼ぐ「非居住者」とが考え方の違いから険悪になるケースもある。東京・港区のタワーマンションで理事長を務める大野正さん（仮名・６０代）は話す。

「うちはもめているわけではないが、非居住のオーナーはやはり賃料が上がる施策を考える。賃借人から見て魅力的になるようにロビーやゲストルームを豪華にすることには前向きだが、居住者のための修繕などはむしろ節約したいと考える傾向にある。長期的視点で考える居住者とは、意見が食い違うことが多い」

このマンションの場合、約５００世帯のうち非居住オーナーは４割に上る。非居住者の意見を出してもらう部会を理事会の下につくり、また非居住者からも理事を１人選任し、非居住者の声を一定程度は理事会運営に反映させる仕組みを採用している。

日本マンション管理士会連合会が設置するマンション紛争解決センターの小林正孝センター長は、「理事を長く務めると意地とメンツが出てくる。譲り合うことができず裁判に至る例も少なくない。裁判で負けた側がマンションにいづらくなり、引っ越してしまうこともある」と話す。

マンション紛争解決センターはこうしたトラブルの解決手段として、法務省認証の裁判外紛争解決手続き（ＡＤＲ）を勧めている。

ＡＤＲに至る前に、世代間で譲り合えればそれに越したことはない。ファミリー層が大半を占める首都圏のあるマンションでは、設備の修繕や改修の優先順位について、年配の住人が「まずは子育て世代のための設備の改修を優先し、将来は高齢者にも配慮を」と、子育て世代の意見を優先するよう提案した。

世代や立場が異なれば、考え方に違いが出るのは当然だ。世代間の融和のためには、お互いへのほんの少しの思いやりが大切になってくる。

（森　創一郎）

時代は〝外部プロ〟活用へ

可能になった「外部理事長」だが課題も多い

【解決のポイント】
・外部専門家の活用
・管理会社の監督

「管理組合の理事の仕事は年間100時間にもなる。私も最低1日1時間ほどを取られる。ボランティアの仕事としては限界に来ている」

都内の大規模マンションのある理事はため息をつく。マンションの規模が大きくなり、老朽化が進むほど管理組合が抱える案件は複雑化し、役員の負担は増えるばかりだ。しかし、住人の高齢化もあり役員のなり手が見つからず、理事の仕事は一部の人に頼りきりになりがちだ。

「後継をどうするかは最大の問題。次の理事長は外部プロへの委託を模索する」。そう話すのは、「白金タワー」(東京都港区)管理組合法人の理事長、星野芳昭さん。本業である企業や自治体のコンサルタントの傍ら2011年から理事長を続け、共用施設への訪問看護ステーションの誘致やゲストルーム改装による外部貸し出し推進など管理組合改革を進めてきた。

「所有と経営」分離の発想

改革を断行する同管理組合法人は外部専門家の活用に積極的だ。

2015年には管理組合の監査を行う監事2人を外部から招聘。21年6月には公認内部監査人3人で構成する監事会も設置された。

「(前期の)管理組合の年間収入は2億円を超え、資産は20億円規模になる。この規模になるとガバナンスが極めて重要になる」と星野さんは話す。

２１年３月には、１級施工管理技士を雇用契約に近い形でアドバイザーに据えた。「管理会社の言いなりに修繕範囲を広げず、適正なコストでの『適正修繕』を実現するためだ」と修繕担当の横山龍彦理事は言う。

改革の総仕上げが、後継者に「プロ理事長」を据えることだ。「規模が大きくなり、課題も複雑化するこれからのマンション運営は、所有と経営を分離する発想が必要だ。持続的に資産価値の維持・向上を図るには、プロの経営者が必要になる」（星野さん）。

理事長を含む理事会役員の外部委託は「第三者管理方式」と呼ばれ、１６年の国土交通省の標準管理規約改正で外部委託の規約改正案が例示され、「プロ理事長」は国のお墨付きを得た。高齢化による役員のなり手不足や投資用リゾートマンションなどで区分所有者が役員を担えないといった事情に対応したもので、実態としてはマンションの管理業務を請け負う管理会社に「第三者管理」を委託するケースが多い。

だが、星野さんは管理会社への丸投げには懐疑的だ。「管理組合の業務を発注する組合役員を管理会社が担うことになれば、例えば修繕工事が管理会社の関連先の受注ありきになるなど競争原理が働かず、区分所有者の利益を損なうケースが出てくるかもしれない」。

こうした利益相反を避けるためには、管理会社とは別にマンション管理を熟知する外部専門家を自分たちで探す必要がある。

また、費用もかさむことになる。外部理事長の実現を模索する別のタワーマンションの理事は、「外部理事長を監視する専門家の費用を含め年間2000万円程度のコストが必要」と話す。住人の合意をどう取り付けるかを含め、実現へのハードルは決して低くない。「3年後には理事長の外部委託を実現して、管理組合のレベルアップを図りたい」と言う星野さんだが、解決すべき課題は多そうだ。

(森　創一郎)

IT駆使で住民の無関心を撲滅

【解決のポイント】
・広報費用をケチらない
・LINEの活用

管理組合の活動に住民が無関心で悩む組合役員も多いが、そんな問題とは無縁の大規模マンションが、東京都足立区の「イニシア千住曙町」だ。ここは管理組合法人の広報活動が活発なことで知られる。同管理組合法人の副理事長、應田治彦さんが言う。「30人の理事のうち3人が広報を専門としている。掲示板やホームページ、デジタルサイネージにグループウェアも使って、『これでもか』と情報発信している。もちろん各戸に広報誌も配る。大事なお知らせはさまざまなツールで何重にも広報し、知らなかったと言われないようにしている」

とくに、住民が情報を共有できるグループウェア（ディグアウト社の「コラボ」を使用）は強い武器だ。應田さんが理事長を務めていた1期目の2009年に、理事会便りのコピー代削減のために導入したものだ。現在、グループウェアの活用率は全戸の約90％。総会での電子決議を管理規約で認めていることもあり、1戸に1アカウントを割り当てている。

グループウェアはオンライン掲示板にもなり、各種議事録の閲覧も可能。総会への参加もグループウェア上で行え、議案への賛成・反対も携帯端末で済ますことができる。全戸に配っていた紙の議事録を配らなくて済むようにもなった。利用料は全体で月5万円のため1戸当たり100円を払うことになるが、「それだけの価値はある」（應田さん）という。

ＬＩＮＥ導入で劇的効果

さらに、２０２０年７月に防災情報発信のため開設したＬＩＮＥアカウントも強力な広報ツールになっている。「ＬＩＮＥアカウントでは防災情報のほか、イベントの日程などの生活情報も（自動的に送る）プッシュ型で次々に届けることができる。軟らかい話題に理事会の硬い内容も織り交ぜて発信している。硬軟そろえた内容をプッシュ型で送ることで、情報をよく読んでもらえるようになった」（應田さん）。

イニシア千住曙町管理組合法人のＬＩＮＥアカウント登録者数は全５１５戸を上回る７００人。１０月７日夜に発生した地震の際には、ＬＩＮＥを通してエレベーターやガスの停止・復旧状況などを深夜まで発信した。

イニシア千住曙町は1期目の入居募集がインターネット経由のみだったこともあり、もともとＩＴリテラシーの高い住民が多い。同マンションの事例を「明日からウチの組合でも」というわけには、なかなかいかないだろう。

東京都荒川区の大規模マンション「トキアス」の元理事長・平澤裕二さんは、「プロジェクトを進めるうえで大事なのはやはり広報活動。ポイントは費用をケチらずに広報誌をカラーで印刷し、全戸に配ること。それだけでも効果は意外と大きい」と話す。

カラーのほうがわかりやすいし、全戸に配り、最低でも毎月1度は進捗状況を知らせることで「前にもお伝えしたように」との前提で議論を進めることができるという。

「あるプロジェクトの説明会の際に、反対意見を言う人が出た。だが、それに対して会場内から『そんな説明はとっくに終わっているんだよ』と言ってくれる人がいて助かったことがある」と平澤さんは言う。

管理組合の活動を理解してもらうには、費用対効果を考えながら、それぞれのマンションにふさわしい広報を工夫することが肝要だ。

（森　創一郎）

【匿名座談会】直面する難題　理事会役員は苦労の連続

これまで見てきたように、「モンスター住民」や管理組合への無関心問題など理事会の役員は日頃から多くの苦労を抱える。現役および元理事会役員5人に、組合運営の厳しい現実と先行きについて本音を聞いた。

【A】首都圏大規模マンション・副理事長（50歳代）
【B】都内タワーマンション・代表理事（60歳代）
【C】都内大規模マンション・代事理事（50歳代）
【D】首都圏大規模マンション・元副理事長（40歳代）
【E】都内タワーマンション・監事（30歳代）

――コロナ禍では、どのようなクレームや要望が増えましたか？

【A】うちは郊外型のマンションで４ＬＤＫの広めの住戸が多い。各戸に仕事部屋を確保できるスペースがあり、共用部分には広めのラウンジもある。そこに無線ＬＡＮが設置されていて、子どもたちが集まってオンラインゲームをしている。「子どもたちが集まるのは問題じゃないか」という声が何度か寄せられた。ラウンジで仕事をしている住民からは「パソコンを使っているので電気設備の点検で停電になるのは困る」とか、細かな要望が増えた。

【B】「共用部分を改装してテレワークスペースを設置してほしい」という要望はあったが、すべて却下した。１００万円ほどかければ改装はできる。しかし、テレワークは住民の給料を稼ぐ手段。管理費用を充てて家計を支援するようなスペースを設置することは、適切だとは思わなかった。

【C】コロナ禍でラウンジやゲストルームなどの共用施設を閉めたところもあるが、

うちはいっさい閉めなかった。「感染対策は自分の責任で行って、共用施設はこれまでどおり使ってください」とした。ただ、２０年5月に管理規約を改正して、疫病などの状況があまりにひどくなった場合、理事長判断で閉めることができるようにした。

現在、理事会はＺｏｏｍを使って開いている。Ｚｏｏｍによる理事会参加については規約に明記していなかったが、2月に規約を改正してＺｏｏｍ参加を正式に認めることにした。

【D】「子どもたちがマスクをしないでたむろしているので注意してほしい」というクレームは理事会に数多く寄せられている。なるべく密集しないよう呼びかけるチラシを投函したり、管理人に注意してもらったりした。

年5回あるマンションのお祭りイベントは実施できていない。代わりに毎月発行している管理組合の広報誌を8ページから26ページに拡充して、住民の一体感が失われないように努力している。

【E】ねちねちしたクレームが増えた。「子どもの足音がうるさい」と管理人にクレームを言って、しばらくして「まだうるさい」と繰り返し言ってくる住民がいる。「お子さんのいる家は床に敷物を敷いてほしい」とか、「逆に少しくらいの騒音はお互いさまなので我慢してほしい」とか、みんなで譲り合って乗り越えようとチラシを作って全戸に投函した。

住民の提案に集会で拍手

――最近は子育て世代層と高齢者層の世代間ギャップが目立つマンションも多いようです。

【D】うちで中庭の芝を張り替えるとき、子育て世代は「手入れが簡単で服も汚れない人工芝にしてほしい」という意見だった。でも年配の方は「天然芝のままがいい」と、意見が分かれた。議論の結果、芝は将来、また別のものに替えていけるものなので、「まず子育て世代が暮らしやすいマンションにしてもらって構わない。子育てが一段落したら、その後は年寄りの意見も取り入れてくれればいい」という意見が高齢者世代から出た。集会では拍手が起きたほどだ。結果、人工芝を選択した。

【A】うちは世代間で敵対している。私は13期にわたって理事を務めているが、長く務めていること自体が気に食わない人もいる。「管理組合でさまざまな取引をしている業者から、キックバックをもらいたくて長くやっているんじゃないか」と言われることもある。

管理組合で資産運用をするにも「損をしたらどうするんだ」などと、新しいことをやろうとするとつねに感情的に反対してくる。いちいち文句を言ってきて私を理事会から追い出そうとする70代のグループがあって、5年くらいその勢力と戦っている。

――住民の高齢化もあり、役員の後継者問題も深刻ですね。

【B】いちばんの悩みは後継者問題だ。10年、12年と積み上げてきた管理組合の運営方法は暗黙知になっている部分もあるので、現状では管理組合がうまく機能していても、それが未来永劫続くとは限らない。

そこでいま考えているのは、「管理会社活用方式＝コラボ方式」での理事会機能の外部委託だ。

管理委託はそのまま現状の管理会社と契約を続けて、理事会の実際の業務を管理会社に移行させる。理事会は形式として残すが、年2回程度の開催でいい。管理会社と理事会の融合のような形で、世間でいう第三者管理方式（外部専門家が直接管理組合の運営に関与する仕組み）と同じ効果を得られる。

形として区分所有者が理事会をグリップするが、実務は管理会社が担うことにする。やはりマンションの歴史、その中で積み上げられてきた実務をいちばんわかっているのは今の管理会社だ。

【D】Bさんの話は、まるで未来のマンション像を語っているようで、現実的に導入するにはハードルが高すぎるように思う。われわれのマンションでは理事長が短期間に交代して、理事も会合に出席はするが座っているだけの〝お客さん状態〟の人が多い。

その代わり役員OBのオブザーバーが理事をサポートする。オブザーバーが中心になって、夕食時などに総菜を売るキッチンカーを中庭に呼んだり、IT委員会をつくったりもした。熱い思いを持った人がオブザーバーとして残り10年ほど活躍してくれるので、ある程度の継続性は維持される。

【C】僕はBさんの言う外部委託に賛成だ。うちは30人の理事が理事会運営で働いている時間を全部足すと年間3000時間くらいになる。Bさんの言うように2000万円払って理事の余計な仕事がなくなるなら、その方向性を検討したい。坪400万円のマンションを「安い」と言って買い、本業において1時間5000円で仕事をしている人たちが、なぜタダで何時間も理事会に拘束されなければならないのか、拭えない疑問を持っている。

【E】役員の後継者ということでは、第三者管理が適切だと思っているが心配もある。第三者管理に移行して、外部の管理会社がマンション運営の主体となる場合、資産価値を高めるグレードアップ提案を住民の立場で考えてくれるのかどうか疑問もある。

――意識の高い理事の後継者が出てこない背景には、「マンション運営への無関心」という問題もあります。

【E】確かにうちのマンションは無関心層が多い。役員は毎年入れ替わるのが基本だが、私自身は3年間理事長と理事をやって、共用施設の改装などにも取り組んだ。そこで管理組合の予算が足りない、何とかしたいという切迫感を持った。こういう経験をしないと、マンションを何とかしたいという気持ちは湧いてこないかもしれない。私が理事会から抜ければ、また抽選、輪番で管理組合の運営に関心の薄い理事が決まっていくことになってしまうだろう。

【A】うちの場合、理事は立候補と輪番が半々で、理事会にはまじめに出てくる人が多い。ただし、輪番で当たった理事は役員報酬を減額して理事会を欠席できるという細則がある。役員への就任を拒否することができる細則もある。要は、管理組合の活動に関心がなく、役員をやりたくない人は来なくていいということだ。

その昔、理事の義務だからということで、理事会に来ない人がいると首に縄を付けて引っ張ってくるのに理事会の労力が割かれていた。そんな無駄なことをするくらいなら、やりたくない人は来なくていいことにした。

今は世代間で意見の食い違い、対立が激しくて、見かねた人たちが積極的に管理組合の活動に関わろうとしてくれている。

（構成・森　創一郎）

【週刊東洋経済】

本書は、東洋経済新報社『週刊東洋経済』2021年11月13日号より抜粋、加筆修正のうえ制作しています。この記事が完全収録された底本をはじめ、雑誌バックナンバーは小社ホームページからもお求めいただけます。

小社では、『週刊東洋経済eビジネス新書』シリーズをはじめ、このほかにも多数の電子書籍ラインナップをそろえております。ぜひストアにて「東洋経済」で検索してみてください。

『週刊東洋経済eビジネス新書』シリーズ

No.374　脱炭素サバイバル

No.375　郵政崩壊

No.376　脱・ストレスの処方箋

No.377　働き方と経営の法律

No.378　コロナ倒産危機

No.379　車載半導体　争奪戦
No.380　マルクス　ｖｓ．ケインズ
No.381　医療テック最前線
No.382　漂流する東芝
No.383　不動産投資　光と影
No.384　コンサル全解明
No.385　大転換の商社ビジネス
No.386　会社とジェンダー
No.387　全解明　経済安全保障
No.388　ソニー　掛け算の経営
No.389　２０５０年の中国〔前編〕
No.390　２０５０年の中国〔後編〕
No.391　相続の新常識
No.392　無敵の文章術

週刊東洋経済eビジネス新書　No.404

マンション管理

【本誌（底本）】

編集局　梅咲恵司、一井　純、森　創一郎

デザイン　藤本麻衣、池田　梢、小林由依

進行管理　下村　恵

発行日　2021年11月13日

【電子版】

編集制作　塚田由紀夫、長谷川　隆

デザイン　市川和代

制作協力　丸井工文社

発行日　2022年9月29日　Ver.1

発行所　〒103-8345
東京都中央区日本橋本石町1-2-1
東洋経済新報社
電話　東洋経済カスタマーセンター
03（6386）1040
https://toyokeizai.net/
発行人　駒橋憲一

電子書籍化に際しては、仕様上の都合などにより適宜編集を加えています。登場人物に関する情報、価格、為替レートなどは、特に記載のない限り底本編集当時のものです。一部の漢字を簡易慣用字体やかなで表記している場合があります。本書は縦書きでレイアウトしています。ご覧になる機種により表示に差が生じることがあります。